U0076313

老婆使用說明書

妻のトリセツ wife's instruction manual

黑川伊保子——著
陳亦苓——譯

序言

瞭解女性腦的結構以制定策略

覺得「老婆很可怕」的老公越來越多了。

近來在由先生主動提出離婚的動機中，相當值得注意的是「來自妻子的精神虐待」這一理由。依據日本的司法統計顯示，此離婚動機從10年前的第6名，近年來已迅速竄升至第2名。

說「精神虐待」或許會讓人覺得有些誇大；不過具體來說，這指的是妻子總是很焦躁、講話口氣很差、突然間爆怒、動不動就生氣、先生不管做什麼都會被罵、不講話（冷戰）、不理人、處理家務時刻意略過先生的部分不做、老對先生說一些否定其人格的話語……等行爲。

拿起本書的你，對這些應該多少能夠體會。

絕大多數的老公都不知道老婆「憤怒」的眞正理由；就算成功問出了理由並提出解決方案，老婆的心情也不會好轉。這是因爲老婆所期待的，和老公提出的解決方案有根本性的巨大差異。

其實老婆生氣的原因，不只是「現在，眼前發生的事」，而是由一連串過去的相關記憶所總結而成。

女性的大腦能夠長期保存伴隨有情感的記憶，而且還很擅長將這些記憶「鮮活地取出」。

發生於日常生活中的情緒帶有各式各樣的色調，而這些情感色調會隨著體驗記憶一起被收納起來。一旦情緒有所波動，收納於與該「情感色調」同色系抽屜中的體驗記憶，便會如串珠般被一口氣拉出。而既然是

「基於情感的連鎖記憶」，情感當然就會被放大進而氾濫。

會導致體驗記憶如串珠般被拉出的「情感色調」，就像是一種觸發機制（扳機），可分爲負向觸發機制（可怕、痛苦、惡毒等不好的感受）和正向觸發機制（開心、美味、可愛等好的感受）兩種。

女性腦基於「無法保護自己就無法將孩子順利養大」之原則，爲了避開危險，往往較容易驅動負向觸發機制，尤其對周遭比自己更強壯的人更是如此。而對於完全倚賴自己、比自己弱小的對象，則較容易驅動正向觸發機制。「對老公非常嚴厲，對小孩及寵物卻極度寬容」正是母性的本質，男人們所浪漫憧憬的「無限溫柔」根本不是母性。

因此，老婆才會針對老公眼裡的「區區小事」，而且還把十幾、二十年前的帳也一起算進來，一口氣射出幾十發子彈。問題是，在憤怒的槍林彈雨之中，老公的生命力可是會被一點一滴地削減的。

雖說老婆的憤怒對老公而言極度危險又不合理，但其實這是源自於對關係的強烈需求。

女性腦天生就具備母性本能，「不講理的壞脾氣」萌芽於戀愛時期，尤以周產期（懷孕、生產）和哺乳期表現最爲強烈，育兒期間也幾乎都會持續存在。對於能夠理解男性腦、能夠改變對男人期待的女性，會懂得不再只是顯露自己的情感；而仍繼續對男性有著同樣期待的女性，就會一直這樣下去，至死方休。

「憤怒」是「期待」的反面。越是對老公專一、對家庭全心全意的老婆，就越會有這種傾向。換言之，老婆越是可愛，其轉變就越顯劇烈，越是對老公專一而純情，就越會一輩子如此持續。

這就是世上絕大多數男性都不知道的、關於結婚的恐怖事實。因此，若要結婚的話，與其選擇天眞可愛惹人憐的女性，還不如選個有度量的女人。而話雖如此，每個女人或多或少都會踏上一次「不講理的壞脾氣」之路。故奉勸諸位男性，最好確實理解並接受此一事實。

對男性來說，所謂的延續婚姻，其實就是如何擬訂策略以保護自己免於女性因母性而發動之攻擊，稍有恍神就可能無法生存。

若以爲家庭就是讓人悠閒放鬆的療癒之處，那可就大錯特錯了，因爲那是還在母親羽翼下的時期的「家庭」。

本書是從大腦科學的角度，以女性腦的結構爲前提，來解釋老婆們的壞脾氣及憤怒的原因。是一本統整了人夫對策的「老婆使用說明書」，也可說是一本策略指南。簡言之，如何扮演好「老公」這一角色，可算是一種商業策略，對男性而言，這可能是人生最大的一個專案。藉由徹底扮演好專業的丈夫角色，讓老婆射出的子彈從10顆降到5顆，正是本書目的（至於爲何不以降至零爲目標，容後詳述）。

這是一本讓人夫能夠掌控家庭這一最大專案、以生存爲目的之入門手冊。關鍵就掌握在你的手裡。希望你能以腦科學爲基礎來制定策略，減少老婆的負向觸發機制，並增加正向的觸發機制。

本書將從容易遭遇首次危機的懷孕、生產及哺乳期之策略開始說明，因此，非常推薦剛結婚或太太正在懷孕中的讀者閱讀。若能從此時期開始閱讀，對人夫而言，往後的婚姻生活應該會輕鬆許多。

不過，已結婚20、30年的人讀了也十分有效，因爲書中也會針對夫妻之間已無話可說，或者有話也都是老婆兇巴巴的責備、抱怨等情況，依據各種模式，介紹各式各樣的改善技巧。

祝福全天下的老公們，都能擁有更舒適美好的家庭生活。

第1章

瞭解有哪些言行舉止會使老婆不悅？

——避免製造會引發痛苦記憶的「負向觸發機制」

Contents

Contents

第2章

讓老婆恢復笑容的辦法出乎意料地簡單！

——正向觸發機制的建立方法

Contents

❸不論到了幾歲都需要情話綿綿的女性腦／147

Contents

第1章

瞭解有哪些言行舉止
會使老婆不悅？

──避免製造會引發痛苦記憶的「負向觸發機制」──

1 能夠一舉抽出數十年份類似記憶的女性腦

男人們喝酒時抱怨老婆的最經典主題——

把過去已結案的失敗，指證歷歷地責難得像是今天才剛發生似的。

在「序言」中已提過，女性腦會爲體驗記憶加上情感的標記後收納起來。因而具備以單一事件爲觸發器，並以其標記爲鈎鉤，一舉鈎出數十年份類似記憶的能力。

換言之，老公只要說出一句白目的話，過去儲存在老婆腦袋中所有標記著「白目」等諸多發言記錄，都會伴隨著鮮活的臨場感，逐一復甦過來。

當老婆一邊流淚、一邊控訴：「還記得當初我害喜得那麼嚴重，吐得頭暈眼花時，你對我講了什麼嗎？」但其實當年肚子裡的孩子現在都已經30幾歲了。這種事真的一點兒也不罕見，真是有夠不講理的。

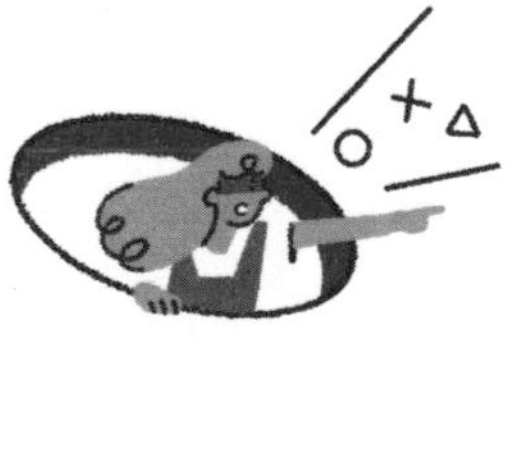

2 產生人生最大負面觸發機制的周產期與哺乳期

能夠把過去的體驗記憶栩栩如生地重現腦海，並將數十年份的類似體驗記憶全數翻出的能力，是女性腦爲了養兒育女所具有的標準配備。

人類單一個體能夠繁衍的後代數量較少，在養育後代時，經常會面臨「新的問題」，想必就是因爲這個理由。經過數百代的培養，不知不覺地，女性腦便配備了「面臨新課題時，會瞬間全面動員所有人生記憶，以找出答案的功能」。

像是，小孩半夜發高燒。「體溫這麼高，臉色慘白，這不正常，是不是該叫救護車？」女性會回想以往曾有過的發燒情境，來確認現在的狀況，而且不只是拿哥哥姐姐的類似情境來比對，還會把幾年前在公園和媽媽朋友們聊過的經驗談，甚至是自己小時候的記憶等，全都動員起來，藉以迅速判斷該如何處理眼前的事件。

也就是說，女性腦爲了解決眼前的問題，已演化成一種可瞬間抽出過去所有相關記憶，並靈活地找出答案的終極臨機應變腦。

尤其基於保護孩子的原則，伴隨有可怕、痛苦、惡毒等危險的體驗記憶，是屬於「應立刻驅動」的第一級重要資訊；故這類負向觸發機制，會於周產期（懷孕、生產）和哺乳期顯著提升。

因此，老公在此時期的白目發言及行爲，便會成爲一輩子的痛苦記憶與傷痕，而被一再重提，永無休止。

周產期與哺乳期的老婆可謂身心俱疲

以周產期及哺乳期所製造出之負向觸發機制的應對策略來說，目前老婆正處於周產期或哺乳期的老公，和過去曾搞砸、但小孩已長大的老公，兩者的做法不同。

首先，來談談老婆正處於周產期或哺乳期的狀況。

懷孕中、生產後，以及哺乳期，都是女性荷爾蒙的量急遽變化的時期。黃體素扮演著使胎盤形成以輸送營養給胎兒、緩和子宮的收縮以防止流產，還有讓乳腺發達的角色。其分泌在懷孕的第8～9個月時達到顛峰，之後則持續下降到生產，並於分娩時驟降。而雌激素具有使子宮變大的作用，還能讓運送母乳的乳腺管更發達。

此外，從懷孕時開始由腦下垂體前葉分泌的催乳素，具有製造母乳的作用，雖說在懷孕期間會被雌激素抑制，然而一旦分娩結束，到了哺乳期，便會受到寶寶吸吮乳房的刺激而增加分泌，大量製造母乳。

不只是荷爾蒙，女性一旦懷孕，爲了將營養素運送給胎盤及胎兒，血液循環量大約會增加40％。同時配合胎兒的發育，還需要大量的鐵質，不論母體的營養狀況如何，胎兒都會不斷吸收鐵質。故當母體藉由飲食攝取的鐵質不足時，便會利用儲存於肝臟、脾臟等處的鐵質；若儲存於內臟的鐵質本來就很少的話，母體便會發生貧血問題。而且即使在這種狀態下生產之後，母體仍會繼續透過母乳來供給包括鐵質在內的營養給寶寶。

解釋了這麼多，其實也就是希望各位老公首先必須理解，周產期及哺乳期的老婆，在被急遽變化的荷爾蒙擺佈的同時，還兼備營養不足、睡眠不夠，是處於連自己都無法控制自己的「身心俱疲」狀態。

請適時扮演閨密的角色

此時期的女性腦，會變得難以忍受男女情愛的「粗暴」（這意外地其實是相當蠻橫）。甚至看在一整天都和小巧清新的寶寶一起度過的老婆眼裡，老公的言行舉止、老公的存在本身，都極爲粗魯、粗暴。

下班回到家，就被太太嫌「你動作太大了！」、「你很臭吔！」被講得彷彿是什麼髒東西似的，令老公心靈受創，很多夫妻因此關係出現了裂痕。

這其實只是源自老婆身心俱疲狀態的短暫心理變化。只要徹底理解這點，就不會每次都覺得很受傷。光是領會「太太餵奶期間就是這樣，這沒辦法！」應該就能讓不少老公們輕鬆許多。

於此時期，請別強調男人味，就貼心地扮演起老婆的閨密角色吧！

女人交談的目的，在於尋求同理心

在被要求「扮演閨密」時，男人們心裡想的大概都是「還是不知道到底要做什麼？又該怎麼做啊？」

各位老公們可以試著去留意，老婆和閨密講話時，往往都會很誇張地應聲附和「對，對，對！」、「我懂，我懂！」。當其中一人說：「我在車站的樓梯上絆了一跤，差點跌倒。」你就會聽到大家一陣七嘴八舌地附和著「欸——好可怕！穿尖頭的淺口高跟鞋眞的很容易卡住。」、

「我懂，我懂！真的很危險啊！」然後又沒頭沒尾地，將話題轉到了昨天剛去過的餐廳。

以解決問題爲交談主要目的的男性腦，完全無法理解這樣的對話。

「在樓梯上絆了一跤，跌倒受傷」這話題可以理解，但談論「絆了一跤，但沒受傷」這種話題到底有何意義？沒重點的對話，只會讓男性感到痛苦。若可以的話，男性甚至會想給個建議，那就是「不要再穿鞋跟那麼高、或頭那麼尖的鞋子」。

女性腦會將別人的經驗談化為自己的智慧

這些對男性腦而言毫無意義的對話，其實對女性腦來說意義重大。

女性腦的最大特徵，就在於對同理心的需求極爲強烈。

因爲女性腦具有一種功能，可經由獲得他人「我懂，我懂」的同理態度，來讓過多的壓力訊號消退。害怕、悲傷、疼痛、寂寞、悲慘、痛苦等神經迴路的壓力，便會藉此降低；而反之，要是無法獲得同理心，則情緒會瞬間低落，就連免疫力都會降低。

此外，就是同理心對女性腦來說，亦是智慧行爲的核心。

誠如前述，女性腦會替體驗資料（記憶）加上情感標記，當某種情感產生時，便會以該情感標記爲鈎鉤，瞬間將眾多的類似體驗資料，一個接著一個地拉出來。有趣的是，即使是別人的體驗，只要有同理心並加上了情感標記，也能將之視爲自己的體驗來運用。而能夠像這樣將他人的經驗談轉變爲「即時智慧」的，正是所謂的同理行爲。

也就是說，只要對閨密的「在樓梯上絆了一跤差點跌倒的恐懼」產生同理心，那麼當自己同樣穿著尖頭的淺口高跟鞋走下車站樓梯時，便會無意識地靠向扶手。亦即沒重點的對話，能夠拯救明天的自己。男人們口中的「女人的閒聊廢話」，能夠在危機中拯救孩子，更對老公的晚年照護很有幫助。因此，女人的對話裡其實根本沒有「廢話」。

女性腦深知此重要性，所以一有機會就聚在一起聊個不停，彼此交換發生在自己身上的各種瑣事（這也是給對方的智慧之禮），大肆地相互激發同理心，把對方給的「智慧之禮」轉變爲「立即可用的智慧」，並存入腦中。這就是閒話家常的眞正本質，其實是相當有智慧的行爲呢。

女人之所以覺得和男人的對話很無趣，是因爲男人都不會把「發生在自己身上的各種瑣事」當成智慧之禮送出。例如：「我跟你說，今天在公司裡……」之類的話題，即便沒重點也無所謂。說些像是「我本來想泡個茶，結果竟然沒熱水。明明我是第一個跑去午休的，熱水瓶竟然就空了，眞是太扯了！」之類的閒聊就非常足夠。

要知道越是雞毛蒜皮的抱怨越有價值。

請參與同理心的禮物大會

這時，如果老婆以女性化的纖細心思提出「會不會是當天負責的新人發生了什麼事啊？」等想法時，老公可試著用恍然大悟地態度回應：「啊！這麼說來，的確是有可能。」

身爲妻子，只要覺得自己似乎有幫上一點忙，就能感覺到「自己參與了丈夫的人生」，婚姻滿意度便會提升。即使沒有解決方案，女性也一定會做出「是喔，那眞的是很扯吔！現在的年輕人也太糟了吧！」之類的回應，以對抱怨表達同理心作結。

女人的大腦一旦產生同理心便能夠抒解壓力，因此，同理心正是給對方大腦的最佳禮物。

換言之，女人的交談就是把「日常生活中的微小體驗」做爲禮物送給對方，而接收的一方則回送同理心，以「片刻的療癒」做爲回禮，也可說就是一種同理心的禮物大會。

然而，這兩種禮物男人卻都吝於給予……或者應該說是被「捨不得對疲於育兒的妻子抱怨有關公司的無聊話題」這種鐵漢柔情給封印了。更何況對男性腦來說，比起同理心，能夠解決問題才算是眞正的禮物。

因此，男性往往會省略同理心，以「妳可以○○不就好了？」、「妳不用做啦，就這樣。」等回應來直接解決問題。於是女性們就會開始埋怨「一點都不體貼」、「根本不聽我講話」、「馬上就否定我」……等等。

重點在於老公曾對自己感同身受的記憶

所謂的扮演閨密，就是要把「沒重點、瑣碎的體驗（小小的抱怨或發現）」講出來送給對方，並在對方跟你說這些事的時候，確實表現出同理心，以抒解對方的壓力。

由男性主動提供話題的難度實在太高，故只要從拼命表示有同感開始做起就可以。當然，不是眞心同理也沒關係，只要表現得很有同理心即可。

舉個例子，假設你一回到家，老婆就跟你抱怨：「我一把○○（小孩的名字）放到床上他就哭，只好一直抱著，抱得我腰都痛了。」這時你該怎麼回答呢？

①「他是不是太習慣有人抱了？以後別他一哭妳就一直抱著。」

②「妳明天去一趟醫院，看一下腰吧！」

以上兩種回答都不正確。

①是以爲問題出在「抱小孩」，故提出「不抱小孩」爲解決方案。

②則以爲問題出在「腰痛」，並針對腰痛提出解決方案。

老婆要的根本不是解決方案，正確答案其實是——

「妳一整天都在抱孩子啊？那難怪會腰痛，真是辛苦妳了！」

接著，老公只需對老婆「今天一整天有多累又有多累」的一連串碎念，表達「嗯、嗯，我懂！」、「唉呀，那樣眞的很累吔！」一邊聽一邊點頭如搗蒜就行了。

雖然假裝有同理心對男性腦來說壓力很大，但總比踩到地雷讓老婆哭一整晚要好得多，而且還可能被記仇一輩子。所以在周產期及哺乳期，就算麻煩也一定要確實扮演好「閨密」的角色，好在老婆心中留下「在我很辛苦的那些日子裡，老公一直很溫柔地陪伴著我」的記憶。如此一來，就算之後多少有些不體貼的行爲，就算沒有表現出同理心，老婆仍會一直記得先前已輸入的「我老公乍看冷淡，但其實有他溫柔之處」這種印象。

希望各位人夫們能把「餵奶期間就是這樣，這沒辦法」當成咒語般唸誦，努力熬過這段時期。

小心典型的地雷句

偏偏就在這最重視同理心的時期，別說是同理心了，男性腦還會在無意中講出造成老婆一輩子創傷的話。

在此，試著列出幾句常見的「老公雖是無心，但卻會讓老婆很受傷的」地雷句。

■在老婆因孕吐感到痛苦時——

「我媽說孕吐不是病。」

「妳是心理作用吧！」

「（因為某些氣味）覺得想吐的話，就別做飯了，我會吃飽再回來。」

■剛生完小孩時——

「一下就出來了吔！」

「生得很輕鬆，真是太好了」

「妳剛剛臉有夠難看的（笑）！」

■生產後的哺乳期——

「妳今天一整天都在幹嘛？」

「妳沒煮飯嗎？」

■當老婆抱怨做家事、顧小孩很累的時候——

「我比較累吧！」

「我有幫忙啊！」

「反正妳一整天都在家啊！（應該做得完吧）」

■寶寶半夜哭個不停時——

「妳白天可以跟寶寶一起睡一下，應該還好吧？」

這些話對老公來說想必都沒什麼大不了，但對賭命生兒育女的老婆來說卻很致命。

自以爲體貼地對因孕吐感到痛苦的妻子表示自己可以外食，或是買便當回來等也並不恰當。老公必須意識到一件事，這時自己手裡正掌握著無法自由行動的老婆的生命線，故必須詢問老婆想吃什麼、想喝什麼，並盡可能滿足其願望才行。

明明不是自己在生，怎能對著搏命生產的老婆說什麼：「生得很輕鬆！」

此外，也嚴禁對育兒時的老婆，提出自以爲是的建議。對於寶寶一直哭個不停、不肯睡、不喝奶、體重沒增加、無法做家事等而感到焦躁不已的太太，其實是因爲責任感強烈、事情不順利，所以很氣自己。故老公一旦出口指責，就會立刻陷入絕望。

請對著在一片凌亂的房間中哭泣的妻子表示：「別擔心，我會想辦法！」並給她一個擁抱。老婆沒做飯的話，煮個泡麵加蛋便足以讓她破涕爲笑。這就是使記憶由負轉正的關鍵時刻。

彌補要在平靜時

閱讀至此，我想很多過去曾經搞砸的男性朋友們已望向遠方，開始回想自己到底說過了哪些「無法挽回的話」。

若你老婆至今仍記恨著當時的事，也還是有辦法能撫慰該負向觸發機制，雖然已無法徹底抹除，必竟怨恨依舊可能重生。

想要減緩已發生的負向觸發機制，在老婆處於盛怒狀態下進行是毫無意義的，而且「又是那件事嗎？（嘆氣）」、「到底要我道幾次歉妳才滿意？（惱羞成怒）」之類的話也千萬別講，這只會把長年累積的一連串負向觸發機制全都拉出來而已。

首先你必須瞭解，「出口責難的人，其實是心裡受了傷」。不管是一個禮拜前的事，還是30年前的事，她之所以會怪你，都是因為現在這一刻也覺得心裡很受傷的關係。

解決辦法就是誠心地道歉。就只能這樣。或許你覺得「都已經道歉那麼多次了」；但男人在道歉時，往往會過於積極地解釋自己為什麼會說那句話、為什麼會做那件事的理由及原因。

例如：男人約會遲到時，往往會辯解說：「臨走時客戶剛好打電話來，抱歉。」這種話聽起來就像藉口，只會讓人覺得你想強調「所以不是我的錯」。女人期望的是對方能意識到，她一個人孤孤單單地等待的那種沮喪感，所以正確答案是「真對不起，讓妳一個人孤伶伶地在這兒等。」

若是想撫慰產生於周產期及哺乳期的負向觸發機制，最好選在兩人平靜相處的時候。

例如：兄弟姊妹或好友的小孩出生時，或是剛好看到電視連續劇在演生小孩的情節時，請懇切地低頭道歉說：「生小孩真的是超乎男人想像的辛苦，生〇〇（小孩的名字）的時候，我做了一些蠢事，真是委屈妳了。」

3 討論時要運用商業簡報的技巧

多數男人在什麼事情上都跟老婆意見不合……喔不，不只是意見，應該很多夫妻都是一個怕熱一個怕冷、一個神經質另一個粗枝大葉等，往往特質完全相反。這無疑是因爲戀愛中的男女依據生物多樣性之原則，會選擇特質相反的對象的關係。

地球上絕大多數的生物，都以生殖爲其存在的第一使命。總之，就是要繁衍以留下基因。而最有效率的方法，就是「與不同類型的對象交配」，以及「每次繁殖時都更換對象」。因爲特質越是不同，基因就越多元，這樣後代子孫生存的可能性便會提高。

人為何總會被特質完全相反的人吸引？

動物是根據一種叫費洛蒙的物質來選擇繁衍的對象。而費洛蒙是一種會與生殖荷爾蒙連動分泌的氣味物質，其氣味種類與基因的免疫抗體類型相對應。也就是說，動物是透過氣味，來讓對方知道自己的免疫抗體類型爲何。

製造出這費洛蒙的，是「ＨＬＡ基因」。此基因會賦予人的體味不同個性，進而影響人對異性的好惡感受。人會被ＨＬＡ基因與自己不同的人所釋放出的氣味吸引這點，已逐漸獲得證實。

ＨＬＡ基因就和白血球的血型一樣，父母雙方的類型越是不同，小孩的ＨＬＡ基因多樣性就越高，免疫抗體的變化就會增加。故此基因的類型差異越大，男女雙方就越會強烈地吸引彼此。

免疫抗體的類型決定了該個體在生態上的特質，而與免疫抗體類型不同的對象生孩子，後代子孫的變化便會增加。簡單來說，不怕冷的個體若是和不怕熱的個體交配，後代便會混合存在有這兩種類型，如此一來，不論地球是暖化還是冷化，其中總會有某個能生存下來。所以神經質的和粗枝大葉的，急性子和慢郎中等，越是特質相反而令人感覺衝突的夫妻，在繁衍上越是絕配。

反之，喜歡的食物、喜歡的電影，甚至連笑點都一致的夫妻，很少會讓對方感到焦躁不安，往往能建立如好友般穩定的關係。但由於難以爆發情慾，故容易變成無性伴侶。

意見不同時，要提出有利的部分

那麼，接著讓我們進入眞正的主題。

即使是特質完全相反的夫妻，也免不了必須討論小孩的教育方針、家庭、父母等問題，以整合彼此的意見。但怎麼討論都是兩條平行線，終於還是演變成夫妻吵架。

這時，請想想該如何對應，才能在不驅動老婆的負向觸發機制的狀態下，順利解決問題？

首先，很多老公都會在不知不覺中立刻使用否定句。

例如：老婆想讓大兒子去考私立小學，但老公想讓他進公立小學。當老婆開口跟老公商量說：「我想讓他去考私校。」老公往往就立刻回應「沒必要考試」、「我們家沒那麼富裕」、「私校的家長往來交際很麻煩耶」等。老婆總是只提自己的意見有哪些好處，老公又永遠只說對方的意見有哪些缺點，這樣再怎麼討論，應該也討論不出個結果來。

就在這時，請各位男性同胞們想想你們最擅長的「商業簡報」技巧。其步驟可簡單說明如下：

①針對雙方的提案，互相列舉出優點與缺點。

②實際調查並驗證。

③所謂的優點，不能是避免缺點的消極性優點，而要是對雙方都有利的（能夠有所獲得的）。

④基於以上原則來做出結論。

接著，就實際以「老婆希望兒子考私校」、「老公要兒子念公立」的例子來做解說。

對於一開始被念私立學校的好處給沖昏頭的老婆，老公的意見是──

「一旦讓大兒子念私校，接著後面兩個小孩也都必須念私校，這不是我們家的經濟能力負擔得了的。更何況，我感覺不到有任何好處值得勉強讓他去念私立學校。我自己就是從公立一路念到國立大學畢業，根本沒什麼問題啊。男孩子小學、國中念公立的就夠了。」

這論點對老公來說再合理不過，但錯就錯在，這種講法對老婆的意見可謂全盤否定，於是老婆就會更彆扭。

其實和商業簡報一樣，應該要將念公立的優點和缺點，以及念私立的優點和缺點，都加以驗證才對。

所實際採取的行動包括了──

①由於老婆可能對公立學校存在偏見，故除了兩人期望的私校外，也前去了公立小學參觀。並聽聽校長等人的說法，看看周遭環境。

②聆聽實際送孩子去公立、私立學校念書的朋友、熟人的意見。念公立最大的優點是同學都住附近，可以一起玩；若念私立，暑假等時期就沒有同伴可以一起玩。缺點則是教學水準比想去的私校差，而且之後必須考國中或考高中。

③身爲男性，就算兒子將來可能會搬到別的地方去生活，但還是希望能替他創造出一個一回來大家就能聚在一起的老家、領土，所以提議至少小學要讓他念自家附近的公立學校。

④夫妻倆也一起到公立小學周圍的公園，觀察許多國小男生開心地玩在一起的樣子。

依據以上調查，在充分說服老婆的狀態下，最後兩人決定讓大兒子去念公立小學。

就說服老婆而言，尤其關鍵的是③的部分。亦即不要針對對方意見的缺點，像是以「私立的學費很貴，而公立的很便宜，不必勉強也付得起」之類的消極性優點來說服對方，而是必須提出那樣做的利益何在，也就是「能夠獲得些什麼」。

這技巧也可應用於日常生活。例如：夫妻於假日一同外出午餐，老婆想吃義大利麵，但老公想吃蕎麥麵。這時與其拿「太油膩」、「會發胖」等義大利麵的缺點來說服她，還不如以「這裡的新收蕎麥麵只有這個時期吃得到」、「也有好吃的下酒菜，可以配妳愛的日本酒」等理由，提出能讓對方覺得開心的利益，這樣的簡報才容易通過。

雖然有點麻煩，但畢竟說話技巧能讓結果大不相同。若希望自己的提案能夠被欣然接受，就要懂得「正因爲面對的是老婆，更要運用商業簡報技巧」的道理才行。

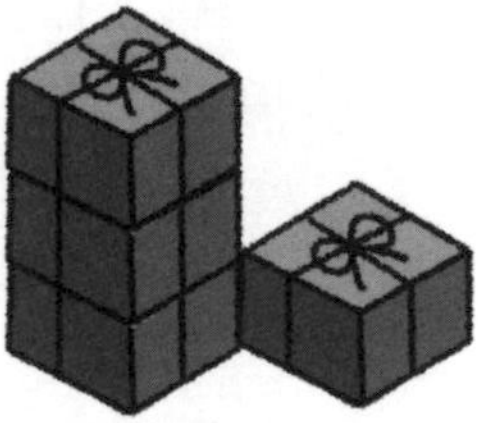

4 只要袒護老婆，就能消除婆家壓力

女人之間的戰爭，是男人看不到的問題之一。

女性腦彷彿能夠鉅細靡遺地掃描、感受半徑3公尺內的範圍，在無意識之中佔據主導地位。一旦無法照著自己的想法控制此空間範圍，便會陷入「被忽略」的感覺中，引發焦慮與不滿，導致壓力不斷累積。

婆媳彼此不爽，就屬於這種「控制領域」的衝突。

能幹的主婦是以公釐爲單位來識別廚房及客廳，並於不知不覺中予以徹底掌控。因此，對於自己放的東西稍有移位或是動線受阻等現象，都會感受到很大的壓力，有時甚至連老公進入此範圍都會被嫌棄。

對婆婆來說，越是能幹的媳婦，一定越會把自己（娘家）的規矩帶進來，所以越是讓人難以忍受。但完全不幫忙的媳婦也很令人生氣。

女人之間的隱形戰爭，對男性而言，只會覺得似乎有某種壓力強大的結界存在，讓人不知所措也無能爲力。

聰明的媳婦會以天眞無邪的姿態，戰戰兢兢地進入婆婆的結界，逐漸建立出共同的規矩。而聰明的婆婆，則會回想過去自己曾感受過的「在婆婆的結界中的疏離感」，進而關照媳婦。

簡言之，關鍵就在於雙方的觀察力與同情心。一旦任一方缺乏其中一項能力，那麼不只是婆媳之間，就算是親生母女之間也會戰個不停。

婆家壓力的關鍵在老公

話雖如此，但男人千萬不可開口教訓女人，說什麼「互相體諒很重要」之類的話，因爲看不見結界的人沒資格做出評論。不過，也正因爲是看不見結界的人，才有能力解開結界。

妻子跟著丈夫一起回婆家時，公公婆婆是不可能會欺負媳婦的，但妻子卻總是一臉死氣沉沉，這是沒辦法的事，請接受這個事實。

老婆們都知道若是表現得像自己，就會讓婆婆不高興，但如果過度保持距離，感覺又會被認爲是「很遲鈍的媳婦」，被自己深愛丈夫的雙親嫌棄也是很令人傷心。

就因爲那種距離感很難掌握，所以妻子才會感受到很大的壓力，「不用在意啦」之類的話，是完全無法有任何安慰效果的。

然而，丈夫若是以天眞無邪的態度介入至婆媳之間，這結界便會鬆開，氣氛就會變得輕鬆。例如：準備晚飯時，老公可以搶在老婆之前，先開口說：「媽，我來幫忙吧！」主動進廚房，並對著老婆說：「〇〇（老婆的名字），妳也過來，媽要做芝麻拌菜，妳也來看看怎麼做。」之類的，這樣就能自然地將媳婦帶進結界中。

即使被老媽回了一句：「你也得做家事喔，眞可憐！」也不能退縮，要開朗地回答：「媽，妳這話就太落伍了，根據腦科學研究，家事做得好的男人比較受歡迎喔！」

此外，也有在上班的職業婦女老婆，於逢年過節等連假期間，其實都會想要和自家人輕鬆度過。要知道，對老公來說很自在的婆家，對老婆來說卻可是比職場還令人緊繃的地方。所以帶老婆回家時，記得先發制人，先提醒自己的爸媽「〇〇（老婆的名字）平常工作和家事兩頭燒，真的很累，希望她來時你們能讓她輕鬆一點，把她當自己女兒看待。」

婆媳的結界問題，有時只要一句話就能搞定，只是這話不能由媳婦開口。故若媽媽（婆婆）不肯說，就必須由兒子（老公）來說。

媽媽和女兒也會有女人之間的戰爭

在家庭內，其實還有另一種與自我衝突的女人之間的戰爭。這戰爭就存在於老婆和女兒之間。

天生左腦與右腦都密度高且頻繁地連結合作的女性腦，能夠鉅細靡遺地掌握自己的感受。從人生相當早的時期開始，便已能夠認知自己的心情、感受。要說女性4歲便具備幾乎等同於成年女性的自我，也一點兒不為過。她們清楚知道自己是誰，現在想做什麼，一旦提出自己的主張，就絕不讓步，而且也很懂得如何討別人的歡心。

此外，對自己感興趣的對象，有著超乎想像的觀察力。在媽媽本人注意到之前，女兒可能就已先說出口「馬麻，妳最近是不是胖了？（而且還說對了）」、「馬麻，妳上次不是這麼說的喔！」……等等，很是嚴格。

也就是說，女兒對母親而言，除了是可靠的閨密外，同時也是相當棘手的同居人。

當自己的老婆和女兒互槓時，男人能選的路只有一條，那就是徹底站在老婆這邊。就算孩子的意見是對的，也要於輕描淡寫地承認之後，以態度堅決地表示：「就算這樣，把拔也不准妳用這麼尖銳的話語來指責馬麻。」

老婆與孩子衝突的原因，絕大多數都起於訓誡孩子不可怠惰、約束孩子的慾望等，通常老婆都是對的。但平常就很怕老婆碎念的老公，往往會想對小孩說：「我能理解你的感受。」然而這樣一說，小孩甚至可能會自以爲長大了，就刻意攻擊媽媽的語病，並以此沾沾自喜。

身爲老公，若這樣侮辱自己老婆的應對方式，不僅無法讓女兒有幸福的將來，更會讓兒子的未來蒙上陰影。

女兒的「自我縮減」，是父親的責任

若任由4歲便已能夠獨當一面的女性腦的自我持續肥大，那麼到了青春期就會大到嚇死人。在她們的腦袋裡，「自己」會變得比「世界」還大。只不過是瀏海梳不好，也能成爲不想去上學的「重大事件」。

一旦無法擺脫那種彷彿周圍所有人都在看著自己的感覺，她們很快就會失去天真無邪地勇往直前的心態，亦即失去了輕鬆自在。

這樣出社會後，明明只是被指責工作做不好，她們卻會覺得自己的人格被否定而手足無措。若沒被周圍的人讚美、稱許，就無法確認自己存在的意義，而會焦慮不安。結果便是一輩子扮演著讓大家都認同的「好女孩兒」，終至失去自我。

自我太強烈的女性，眞的很難生存。所謂的少女成爲女人，就是這種過度肥大的自我逐漸變得符合本人尺寸的過程。

女兒必須培養客觀性，認知到周遭並不像自己想得那麼在意自己；對自己來說對的，也不見得就是這世上的正確答案。

這或許只有父親能夠懷抱著深厚情感，使女兒體悟到這件事，而老婆與女兒對槓的時候，很可能就是讓女兒有此體悟的最佳時機。

身爲父親該做的，不是在老婆和女兒起爭執時去裁決誰說得對，而是要向女兒宣告：「這不是誰對誰錯的問題，而是當妳侮辱媽媽時，妳就已經輸了。」女兒再怎麼叛逆，都不會討厭珍惜母親的父親，反倒還會因此理解到父親的堅定與可靠。

在兒子青春期時，贏回老婆的心

在有兒子的家庭裡，這種撫慰女性腦的工作是由兒子來擔任。

小時候幾乎天天把「馬麻最漂亮」、「我最愛馬麻了」之類的話掛在嘴邊，稍微大一點還會幫忙提重物。即使長大了，兒子基本上對媽媽都很溫柔體貼。

但老公可不能因此就把守護老婆的責任全都交給兒子。兒子一旦到了青春期，就該把這角色交還給爸爸，否則兒子有可能會無法自立。

此外，當兒子反抗媽媽時，老公應該要堅定地表示：「我不准你對我老婆講這麼沒禮貌的話！」老爸若是對兒子的粗暴言語視若無睹，只會被鄙視，不可能被尊敬。

最重要的是，對孩子們宣告「老婆最重要」這件事，能夠讓老婆的內心大為感動。不少老婆只要有這句話，就願意跟著老公一輩子。

而老公若是如此，老婆必然也會很珍惜老公，（應該）會找機會替丈夫建立地位，而這對兒子來說具有重大意義。

你能成為兒子追隨的「目標」嗎？

天生具備高度空間感的男性腦，能夠敏銳地掌握距離與位置關係。

這是因爲在古早以前沒有地圖、路標，也沒有GPS的時代，男性要能夠去野地狩獵後再順利回到洞窟，就必須依據眼睛所見的空間，從做爲地標的樹木及山頭、星星等的位置關係迅速進行估算，一舉掌握整體才行。而今日的男性腦也繼承了這樣的能力。

據說，男孩在出生後8個月，便具備約3公尺的鳥瞰（從上而下俯瞰的虛擬視線）能力。8個月大的寶寶基本上都還在地上爬，但在這個時期，男性腦就已能用虛擬視線，從3公尺高的上空眺望自己的所在位置，藉此理解這個世界。以約4坪大的客廳來說，8個月大的男寶寶就已經能掌握其整體形狀、各物品的相對位置關係，於認知自己在客廳中何處的狀態下，自在玩耍。

到了小學，有的男孩甚至會畫出從公園正上方所見的、溜滑梯呈展開圖般的圖畫。他們不必看就能畫出有如無人機空拍而成的圖，日後進而能夠組裝機械裝置、蓋起高樓大廈，不只是飛機，還能做出火箭。

欲掌握遠離日常的世界觀時，用的也是同樣的能力。能夠一邊談著世界經濟、一邊思考宇宙的，正是這樣的男性腦。

如此空間感極佳、對物品的位置關係敏感的男性腦，在人們的位置關係上，亦即對於層級順序也很敏感。由於很在意誰在上誰在下，所以天生就會對忽視上下關係的行爲感到強烈不滿。

很在意層級順序、總是以目標爲導向的男性腦，會觀察自己的目標處於怎樣的狀態。因此，顯示出「目標」的卓越、優秀，是激勵男性腦的重要關鍵之一。

這點亦同樣適用於家庭。要是努力唸書、拼命工作的結果，卻沒被老婆放在眼裡；如果這樣的父親是「目標」的話，兒子肯定會萬分迷惘。正因爲有個被老婆說成「家裡最棒的就是爸爸」的父親，兒子才會有更多動力，才能夠確立自我。

話雖如此，但若你平常根本沒有好好對待老婆，卻突然爲了兒子而要求老婆替你建立地位，老婆肯定無法配合。

不論發生什麼事都站在老婆這邊，必須以此一貫的態度贏得老婆的信賴，才能讓女兒和兒子的未來幸福快樂。

5 「無名的家務」讓夫妻決裂

一大早，熱騰騰的煎蛋上淋了伍斯特醬、上廁所使用衛生紙、擠牙膏在牙刷上、對著乾淨清楚的鏡子刮鬍子、用乾淨的毛巾擦臉……，身爲人夫的各位男性同胞們，對於自己每天早上的一連串動作，應該都毫無疑問，因爲該有的就總是已經準備好了。

依據「平成28年（二〇一六）社會生活基本調查之生活時間相關結果」（日本總務省統計局，相當於台灣的內政部統計處）中有未滿6歲子女的夫妻資料，相對於老公一天用在家務相關事項的平均時間爲83分鐘（包括做家事及照顧小孩等的時間總計），老婆則爲454分鐘。

附帶一提，雙薪且有小孩的家庭，老公的平均家務時間則爲46分鐘，老婆爲294分鐘。女方的離婚理由之所以會與此不公平感高度相關，由這些數字便可看出端倪。

在洗衣服有洗衣機、打掃有掃地機器人、洗碗盤有洗碗機代勞的家庭日益增多的今日，或許老公們心裡會覺得「家務的負擔眞有那麼大嗎？」

其實除了做飯、洗衣服、打掃、擦窗戶、倒垃圾等「有名的家務」外，對眼前事物觀察力很低的老公們，幾乎都沒注意到還有「無名的家務」存在。

以在「老公做的家事」中名列前茅的倒垃圾爲例，這倒垃圾指的是將裝有垃圾的袋子移動到堆放垃圾的地方。但實際上把垃圾收妥於垃圾袋內，使之達到可移動的狀態，並套好新的垃圾袋等的一連串處理，是需要如下這些步驟——

①瞭解垃圾分類的方式，準備數個符合分類方式的垃圾桶，然後在考量動線及外觀的前提下妥善放置。
②準備不同種類垃圾用的垃圾袋。
③記住各種不同種類的垃圾，分別可在星期幾拿出去倒。
④將垃圾分類並放入對應的垃圾袋。
⑤確定讓人看了不舒服的垃圾有被遮好。
⑥確認垃圾袋沒破，手提的部分沒有髒汙。

⑦確定垃圾袋裡沒有多餘空氣，或是用力把垃圾壓實同時將空氣擠出，並綁緊袋口。

⑧提去堆放垃圾的地方。

⑨垃圾桶若髒了就要洗乾淨。

⑩把新的垃圾袋套在垃圾桶上。

大部分老公所想到且執行的「倒垃圾」都只有⑧而已，但對老婆來說，還有其他9個步驟要做。更進一步說，④的垃圾分類包括廚餘、可燃垃圾、不可燃垃圾、資源回收等，而資源回收又必須再細分為玻璃瓶、鐵鋁罐、保特瓶（瓶蓋要分開，貼在瓶身上的塑膠標籤要撕下）、報紙、雜誌、紙箱、牛奶盒、布料……等等，這些都需經過清洗、壓扁、綁好等處理作業。

洗衣服也必須依用途準備不同的洗衣精，要把白色衣物和有色衣物分開，也得把普通衣物和高級時髦的衣物分開。領子、袖口、襪子等特別髒時，要在放進洗衣機前先刷一刷。衣服洗好後，要先一件一件抖平再晾起來。有色衣物要以內面外翻的方式晾乾……等等。並不是把髒衣服丟進洗衣機，衣服就會自動變乾淨並出現在你眼前。

檢查調味料和日用品等，於用完前先買來補充，並將各種補充包形式的用品及時補進瓶罐內等家務，也都是由妻子默默地完成了。

此外，老婆們每天還將執行很多「順便處理的家務」。例如：要起身去廁所時，順手把放在客廳桌上的杯子收到廚房去；刷牙時，則順手把鏡子擦乾淨；進出家門時，順手把家人脫在玄關的鞋子抖掉沙塵並收進鞋櫃……等等，這些也都是族繁不及備載。

無名的家務，逼得老婆走頭無路

這些家務會在孩子出生後大幅增加，而且完全不如想像中順利。小孩拿不到自己丟出去的玩具就開始鬧脾氣，想起身幫他拿，結果就把牛奶給灑了一地。終於有辦法開始做該做的事時，小孩又吐了，或是大便了……

結果無名的家務越堆越多，於是對於自己的無能爲力，老婆開始感到壓力倍增。

這時，又再加上老公白目的發言與行爲。人夫們起身去廁所時，並不會順手把眼前的髒杯子收進廚房，甚至上完廁所要回客廳時，還順便繞去廚房倒了杯水並把喝完的杯子就這樣丟著，反倒產生出更多家務。甚至還會在調味料或日用品用完時，一副事不關己地說出：「孩子的媽，醬汁沒了吔！是說前天就用完了不是嗎？」之類的話。

老婆們的憤怒就在於，她們覺得這些無名的家務老公們根本就有注意到（雖然其實沒有），但就認爲反正老婆會做而不動手。而即使知道老公其實並未注意到，這也還是很令人氣憤。

不管怎樣，老婆們都被無止盡的無名家務給逐漸逼得走頭無路，被絕望感所折磨。

老婆想要的是老公的讚美

有個理由可替男性腦辯解，那就是若要求男性腦達到女性腦所要求的家務水準，就會對男性腦造成約爲女性腦3倍的壓力。

比起女性腦，男性腦的行動脈絡較短。女性腦常態性地持續編織著「起身去上廁所時，順手將這裡的東西拿到那邊去，然後去上廁所，回來時再順便做這個、那個……」之類較長的行動脈絡。而男性腦由於將神經訊號用在空間認知上以利察覺危險，故這部分的能力較差。人一旦要使用自己比較差的部分，當然就會產生很大壓力。

所以，男性腦若是要去廁所，就只有走去、尿完、回來而已。若是要把杯子拿去廚房，就只能單純做這一件事。一旦被老婆要求「既然你要做這個的話，那就順手把那個和那個也做一做」時，便會感受到極大壓力……但我想，就算你這樣認眞地解釋，老婆也還是不會接受。

搞不定無名家務的男性腦，要幫助老婆對抗無名家務幾乎是不可能的任務。而儘管如此，還是想防止老婆每天如灰塵般不斷持續累積的怒氣在某天無預警地大爆發的話，就只能不斷地予以讚美、撫慰。
夏天的中午，當老婆在煮麵線時，別忘了跟她說：「這麼熱的天氣，還在廚房做事眞的很辛苦，謝謝妳喔！」假日一起去採買時，可以跟她說：「就算只是一瓶牛奶，若帶著孩子一起來買，要一手提著也是很辛苦。謝謝妳總是一個人努力地撐著。」甚至犧牲一下自己的老媽說點「在家中有小寶寶的狀態下，妳竟然還能整理得這麼乾淨。我媽以前都是放著家裡亂七八糟不管呢！」之類的話也好。而對什麼都做不好的老婆，也可以稱讚說：「妳每天都笑嘻嘻的，讓我覺得很輕鬆愉快呢。」
總之，就是要多多讚美、感謝。這類話不必每天說，畢竟每天都講反而會讓人覺得很假。每月一次也行，請務必牢記於心。
若是想成爲更高段的「專業級老公」，那麼可從察覺「無名家務」的存在開始。

假日的早晨，請試著一邊淋伍斯特醬一邊說：「認真想想，家裡總是隨時都有充足的醬料可用，真的是很神奇。」不過，要做好心理準備，接著老婆便會以「我想你可能沒注意到……」起頭，如洶湧浪濤般地開口列出一連串的無名家務。

這時，請從這些老婆列出的無名家務中選出一項，並提議改由你來負責。

一開始就從確保家中隨時都有貓砂可用、冰箱的製冰機裡一直都有水、餐桌上一旦剩下需冷藏的食物便儘快收進冰箱等，做得到的任務中選一個。

光是老公有注意到「無名的家務」，又會時不時稱讚自己一下，老婆心情就很好了。更別說老公竟然還自願負責其中一項，如此心意著實令人心花怒放。

但切勿對老婆的反應有過多期待，請想成「以往都會飛來10顆子彈，但現在能減少到7顆」這種感覺就好。如此對於定期發生的大爆炸現象，應該就能有相當程度的防止效果。

自行決定一些可達成的任務

在此列出幾項男性應該也能做到的家事任務——

●確保家裡隨時有米。（米很重、很難搬，故由老公來做會有很大幫助。而對老公而言則是因頻率低，故容易做。牛奶之類的生鮮食品由於補充的頻率高，所以失敗風險較高，最好別主動提出較保險。不過，要做好可能會被指定去做的心理準備。）

●確保家中隨時都有貓砂可用（同前項）。

●確保冰箱的製冰機裡一直都有水。

●確保家中隨時都有咖啡。（偏好的飲料零食等往往容易忘記補充，故有人願意主動做的話幫助很大。）

●每週使用一次預防馬桶髒汙的藥劑。

●每天早上餵寵物喝水、吃飼料。

●每天早上替陽台的植物澆水。

●保持洗臉台的鏡子乾淨清潔。

●負責煎烤肉類。（在同時處理多項家務時，需要專注力的任務會讓人很有壓力；故有人願意主動做的話，幫助很大。）

●煮麵（同前項）。

●煮咖啡（同前項）。

●睡前把米洗好，並放進電子鍋預約煮飯。（列為洗完澡後的任務，這樣就不必擔心隔天早上會很匆忙，是感恩度很高的選擇。）

●若能找出自己家特有的無名家務，並主動接手負責，那就太棒了！

失敗在所難免，就裝裝可愛混過去

雖是自己選的家事任務，而且信誓旦旦地說要做，也還是有可能忘得一乾二淨。這時要注意的是，在自己也覺得「完蛋了」時，千萬別因爲老婆的指責而惱羞成怒。

在老公表示願意主動負擔家務的那個時間點，老婆就已經感到相當滿意，通常不會因爲老公忘了幾次就氣到不行。但若是忘了老婆有特別叮囑的事，例如：老婆才剛提醒過「今天一定要做」卻還是忘了做的話，那又另當別論。

因爲一再重複的「忘記」對女性腦來說，就等同於「對你來說，我是能夠輕易忘記的對象」。明明只是忘了買牛奶，都能讓老婆開始懷疑自己存在的意義，這點請各位務必小心。

搞砸了的時候，有個辦法能讓老婆不生氣並且安然度過危機。既然事實已成，就別再多加解釋，直接誠懇地道歉即可，這樣才能把傷害降到最低。

而且稍微誇張一點會更妥當。像是發出聲音講些「唉呀，怎麼會這樣？也太失敗了……」之類的話，表現出垂頭喪氣的樣子也很有效。

一把年紀的大叔因失敗而垂頭喪氣的樣子還挺可愛的，若能讓老婆一邊說「你很蠢耶」一邊噗嗤笑出來的話，就是老公的勝利了。

雖然這招用多了效果會減半，但還是希望各位記住偶爾可以靠著裝可愛來度過難關。

老婆的失敗
要用裝傻的方式說

當想指責老婆的失誤時，也是有方法、有技巧的。

例如：在冰箱裡發現過期的食物時（明明男性腦連放在冰箱最前排的東西都找不到，但卻很擅長從冰箱深處挖出過期食品），絕不能直白地說出：「這過期了，眞浪費！」之類的話，別像古時的大官微服出巡那樣立刻亮出官印。

這時反而要裝傻地問老婆說：「欸，這個還能吃嗎？我要吃掉囉？」一才是標準答案。如果要丟掉，也要採取「這過期了，我擔心妳要是不小心吃下去可是會弄壞肚子的，讓我丟掉它吧？」等說法，表現得像是個體貼老婆的好老公，才是高招。

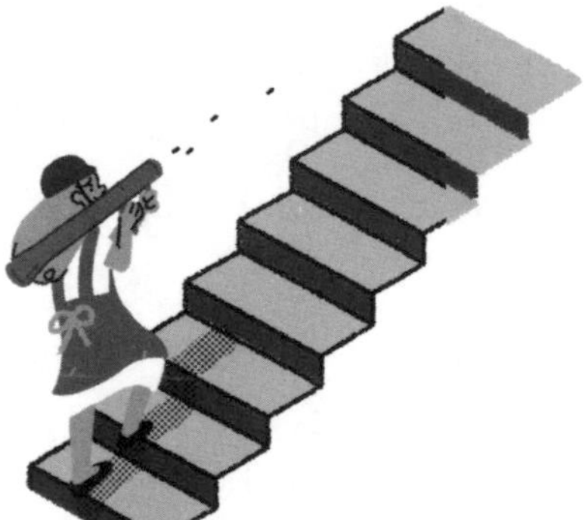

6 要知道老婆的牢騷，都是為了確保居家安全

一旦出現「你這個人爲什麼總是這樣啊？」這種讓人不知怎麼回答的問題時，男性同胞們就要小心了。因爲這是當老公一再白目、不自覺地做出令老婆討厭的行爲時，老婆發自內心的吶喊。

雖說在老公看來都是一些小事，但若一直放著不管，某天便可能突然發展成離婚問題。這就是恐怖的「總是——問題」。

總是把髒襪子脫了就丟在客廳、馬桶坐墊掀起來總是忘了放下、拖

鞋一脫了總是亂丟、剪刀或指甲剪等用完後總是不收好……等等，一天到晚違反家規的結果，便是被老婆怒飆：「你這個人爲什麼總是這樣啊!?」

然而，對老公來說，老婆雖然嘮嘮叨叨地一直碎唸，但明明到昨天爲止都有原諒我了，怎麼又突然生氣？這情緒轉折實在很難懂。

這原因就在於，女性腦有把對老公的不滿一點一滴地累積在杯子裡的習慣。所以雖然沒有每次都講出來，可是一旦超越臨界點（狀態發生顯著變化的分歧點），當杯子裡的水多到滿出來時，就會爆怒至無法收拾的地步。

通常在到達臨界點之前，便會開始出現「你爲什麼總是這樣啊？」這類問句。而面對此問句時，會說出「因爲很麻煩嘛」、「我忘了嘛」之類理由的，只有外行老公。一旦被唸了，在事情演變到無法收拾的地步之前，請乾脆地道歉：「每次都惹妳生氣，對不起。」

老婆想要避免的是可能在家裡發生的危險

不懂老婆爲什麼會對各種「總是——」感到生氣的男性同胞們，在此希望各位能夠這麼想——「老婆不希望你在家裡做的事，其實都屬於安全方面的問題」。

以馬桶坐墊爲例。對老公來說，「如果被掀起來了，把它放下來不就結了」；拖鞋的部分，「拖鞋脫了就亂丟，也不過就是看起來亂一點而已」。但若老婆沒注意到馬桶坐墊被掀起來而一屁股坐下去，屁股就會直接撞上馬桶或卡在馬桶裡；甚至若是發生在年老的雙親或年幼的孩子身上，很可能會導致嚴重受傷。

另外，一邊顧著孩子、一邊抱著要洗的衣服走進房間的老婆，也有可能因爲踩到老公脫了就亂丟的襪子或拖鞋而滑倒。裝滿洗澡水的浴缸若是忘了蓋上蓋子，小孩或寵物便可能掉進去溺死。

女性腦總會像這樣，在不知不覺中預先進行風險迴避的動作。如果說了很多次仍不改善，「有點擔心」、「有點可怕」的感覺便會不斷累積，直到某天，超越了臨界點，負向觸發機制於是驅動。由於這是一種下意識的感受，故雖然本人無法條理分明地解釋，但認眞探究其根源便會發現，顯然是女性腦在對高風險的事物做出反應。

對男性腦而言，沒有什麼被迫做不合理的事而感到不愉快的問題。老婆的牢騷雖然也有很多看似不合理的部分，但對女性腦來說，那些都是合理的。

讀完以上內容的男性同胞們，請勿抗拒，也不要覺得麻煩，要想著「老婆是在無意識中，試圖預防在家庭內發生可能的意外」。請好好遵守老婆訂下的家規。

家庭基本上是女人的領域，還是別違逆女性腦會比較安全。

有時不需逃避，可與老婆對峙

有時爲了維護兒子的男兒心，有些事還是必須跟老婆說清楚。

例如：「男生也該坐著尿」這個問題。從方便打掃的角度來看，這是合理的，也有很多男生並不在意坐著尿，而且還有年紀大了攝護腺肥大時，坐著尿比較容易尿得出來的好處。不過也有在母親徹底的教導下，以致於從不知站著尿是怎麼一回事，結果在學校出糗的例子。若眞心覺得「這是男人的尊嚴問題」的話，請勇敢抗拒。

玩得全身髒兮兮、在房間裡把玩具丟得到處都是等等，皆是培養男性腦空間感的重要遊戲方式。「要拿出第3個玩具時，就要把第1個收起來」之類只圖清理方便的要求，是無法培育出未來的理工能力、策略能力。

當遇上這類情況時，切勿逃避，應該要好好說服老婆才行。

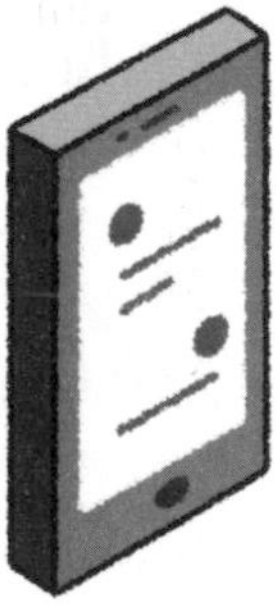

7 事件通常都發生在客廳

雖說老公對老婆做的家務當然也會有不滿，但不知爲何，老婆對老公做的家務總是格外地挑三撿四、十分苛刻。明明即使很不熟練，還是拼命地打掃、洗碗，老婆卻抱怨「背面還黏著污垢」、「角落的垃圾沒掃乾淨」什麼的。

眞的很希望老婆至少能認同一下自己的努力，但老公的這番心聲不知老婆是否有接收到？

關於這點，女性們也的確該有所自覺，但畢竟男性腦和女性腦所看到的部分不同，有其困難度。女性腦的腦梁（連接左腦與右腦的神經纖維束）大約比男性的粗了20%，故天生左右腦的連結合作能力較好，而男性腦的左右腦聯繫則較爲緩慢。這正是造成大腦性別差異的根源。

右腦負責的是空間認知及音樂感受等「感知能力」；左腦則是負責語言及計算、邏輯思維等「思考能力」。

左右腦合作得很好的女性腦，具有優秀的直覺，能夠將現在感受到的心情立刻化爲言語。且由於能鉅細靡遺地觀察眼前事物，故就連小孩的神色稍有變化之類的事情，也都逃不過她的眼睛。

相對於此，左右腦聯繫緩慢的男性腦，由於擅長識別深度（對物體距離感的掌握），所以空間感較好。雖然能看清遠處及整體、結構機制等，但對於近在眼前的事物卻相當缺乏觀察力。就因爲看不清眼前的東西，故即使老婆換了髮型、換了口紅等，也都不太會注意到。
男女甚至在色彩辨識、能夠聽到的聲音頻率、嗅覺敏感度、味覺敏感度、皮膚的觸覺敏感度等能力上，都不太一樣。

換言之，在做家事的時候，老公和老婆看到的世界也不相同，亦即對所謂收拾整齊的感覺並不一樣。

女性腦由於不太懂立體，故即使是在三次元空間中已整理好的東西，她們也還是覺得沒整理。或者明明已朝縱向分類，當老婆一眼看過去，還是覺得根本沒整理。

男性腦是以扇形且立體的方式來看物體，因此，有時老公可能是想依自己的動線來整理工具；但看在老婆眼裡，卻只是把工具東一個西一個地亂放而已。

盤子背面的小髒汙逃不過老婆的眼睛，但老公卻有可能根本看不到那麼小的髒汙。這點，夫妻雙方應該要相互理解才行。

而此問題的解決辦法，就是在家中劃定各自的領域。訂出哪個是老公的房間，哪個是老婆的房間；或者雖然兩人都使用同一個房間，但分成老婆區及老公區之類的，並規定彼此不過問對方的領域。

爭執多半都發生在客廳，因此，先經過討論再決定哪些東西可以放在客廳也是個辦法。不過基本上，應該要讓待在客廳時間較長的老婆握有主導權。至於老公的部分，則建議規劃一個老婆不得過問的專用房間或區域為佳。

8 以時間差購物，來消除彼此的壓力

「購物問題」是夫妻之間永恆的主題。這是由過程導向的女性腦與目標導向的男性腦之差異，所產生出的悲喜劇。

對很多老公來說，假日和老婆一起去購物是很痛苦的。爲什麼老婆明明是來買冰箱的，卻不直接走到目標賣場，而要東逛逛西晃晃地繞路？這對老公來說是個謎。

一般來說，除非是時間緊迫，否則女人是不會直接走向目標賣場的。

看到包包就拿到鏡子前背背看，接著把襯衫拿到肩頭比一比，再試穿一下淺口高跟鞋後，這會兒又跑到旁邊賣生活雜貨的店抱了抱靠墊。

這樣漫無目標的繞路令老公倍感壓力，因爲目標導向的男性腦想要以最短的時間、最短的距離到達目的地。

依直覺選擇的女人VS經研究比較後做出選擇的男人

男性腦覺得沒意義的這種老婆的繞路行爲，其實在腦科學的研究上，是有意旨性的。

女性腦是一種屬於感受領域的右腦和潛在意識領域的左腦，兩者合作良好且靠直覺運作的大腦，故當然購物時用的也是直覺。而用於這種直覺的神經纖維較長，從數公分到數十公分不等，據說特別長的人甚至擁有超過一公尺的神經纖維。

由於很難立刻對這麼長的神經纖維發送訊號，需要先排練一下。所以走到女鞋賣場瞧瞧，爲顏色漂亮的淺口高跟鞋感到興奮不已，看到貓咪相關商品時又忍不住大喊：「好可愛！」在這樣的過程中，活化大腦內的電子訊號。經歷此程序後，再到目的地的冰箱賣場，直覺便能發揮作用，立刻就能看出要納入考慮的商品有哪幾個。接著只要比較一下已納入考慮的幾個商品的條件，瞬間就決定了「我要這個！」

另一方面，男性腦則是透過「研究比較」來選擇商品。因此，即使很快就抵達目標賣場，卻會在那兒花很長時間。

男性往往會想理解商品結構的全貌，仔細研究各種規格。但看在女性眼裡，明明要買的是預算15萬日圓的冰箱，卻在那邊認眞看30萬日圓冰箱的規格，實在無法理解這有什麼意義，於是就焦躁了起來。可是對想在有相當數量的商品中「選出第一名」的男性腦而言，如果沒有供研究比較的替代選項，就無法購物。換言之，就算只有15萬日圓的預算，也忍不住要把10萬和30萬日圓等不同等級冰箱的規格全都確認過。

必須要像這樣掌握「整體」後，才能夠確定並認同「這個牌子的這台冰箱」眞的是最好的。合理並確實瞭解、認同是很重要的。

從擁有這種男性腦的老公看來，就選擇的理由而言，老婆所謂的「因爲有心動的感覺」也未免太靠不住。所以才會好心地對著毫不猶豫立刻做出決定的老婆說：「還有其他的，要不要再多看看？」一句話便澆熄了老婆激昂亢奮的情緒。

比老婆早一步到賣場

大腦的性別差異，導致本來應該很開心的購物行程，變得令雙方都焦躁不已。若是怕毀了難得的假期，就必須在這部分花些心思。

而對此，我的建議是採取購物的時間差攻擊。

老婆就盡情地繞道閒逛，老公則先行前往目標賣場，認真研究比較各項商品，並於仔細斟酌後，選出在規格上覺得可接受的幾個候選商品。待較晚到賣場的老婆，以剛剛暖身完成的直覺力，選出令她有心動感覺的最佳選項後，就輪到老公上場。由老公依據尺寸及規格等提出「這台的高度多了5公分，進不了我們家」或「這台配備有你想要的冷凍室，不會把食材凍到硬邦邦的那種」之類的可靠意見。

老婆的直覺再加上老公邏輯性的補充，便能達成確實且令雙方都滿意的購物。

這是讓老公不必陪伴老婆進行麻煩的繞道閒逛行爲，又能讓老婆感受到對購物熱情的一大絕招，請務必一試。

以上是購買夫妻共用商品時的處理辦法，不過，還有另一種令老公們困惑的購物問題，那就是「陪老婆購物」。

為何明明問了你的意見，但卻選了另一項商品？

這是發生在某對夫婦身上的例子。購物時，老婆將橘色和米色的包包交替試背在肩上，認眞地盯著鏡子看了好一會兒後，開口問老公：「哪個好？」這時身爲人夫的老公，當然得要爲煩惱的老婆提出能讓她滿意的建議才行。於是這位老公回答：「米白色跟妳既有的各種服裝都很搭，而且除了出遊外，上班也能用，不是嗎？所以就CP值而言，我覺得絕對是米色的好。」老婆聽了也點點頭說：「確實如此。」

接著，據說這位老婆就把米色包包放回架上，拿起橘色包包，開心地走向收銀台去結帳。而老公心中不由得吶喊：「根本不是眞心想聽意見的話，幹嘛問我啊！」

其實在這個例子中，那位老婆一開始就看中了橘色包包，但又覺得橘色似乎顯得太年輕了，而且很難搭配衣服……心中覺得猶豫，所以就試著問老公的意見。

這時的女性腦是近乎下意識地想著「老公十之八九會說出那種無可非

議的標準答案。即使如此，我還是要買橘色的嗎？」換言之，老婆只是想做最後的確認，確定自己就算被老公建議買「米色」，是否依舊心動又猶豫。所以若老公回答「橘色」，搞不好反而會令她不知怎麼辦好。在某些情況下，老公的建議確實是有用的。

因此，所以老公們完全不必覺得「我的建議被徹底忽略」而感到洩氣。因爲女人若是不認同對方的判斷力，甚至不會用其意見來做最後的確認。

9 哪些話語「會讓老婆崩潰」，但老公卻毫無知覺？

先前，我已提過一些老公絕不可以在周產期及哺乳期所說的話，不過，在老公平日隨意掛在嘴上的話語中，也有一些是會讓老婆覺得很受傷的。

其中最具代表性的，就是「妳要講啊，妳講我就會做！」。由於老公完全沒惡意，故這也是會在不知不覺中，不斷地重複而造成傷害的句子之一。

以接下的情境爲例。老公看到老婆站在椅子上，正在換走廊處天花板上的燈泡，於是想起老婆昨天有說過燈泡壞了。老婆看起來似乎不太高興，看不下去的老公便走過去說：「我來弄吧！」結果老婆很冷淡地回應：「我可以自己裝。」過了一會兒，老婆便抱怨起來說道：「你如果知道燈泡壞了，幹嘛不換？」這時老公有很高的機率會說出：「妳要講啊，妳講我就會做！」。

男性腦無法理解這句話到底哪裡不對，而這部分也和大腦的性別差異有關。

希望不用說對方也能察覺的女性腦

女性腦天生就能將注意力集中在重要的對象身上，任何微小的變化都不會遺漏，即使對方什麼都沒說，也能察覺對方想要什麼、怎樣能讓對方開心。這是為了照顧還不會說話的小寶寶，而裝備於女性腦的一種能力，因此，女性深信「察覺」等同於「愛的證明」。

對於認為「主動察覺才有意義」的女性腦來說，「妳要講啊，妳講我就會做！」是一種放棄察覺的說法，和「我對妳毫無興趣」、「我根本不在乎妳」等句子同義。

男性腦對於自己重視的人事物，習慣性地以履行職責為宗旨。

像是每個月交出薪水、每週在固定的日子去倒垃圾、每天都下班便回家等，這是男性腦「珍惜老婆」的證明。要求不具備察覺功能的男性腦主動察覺，是很難的。

雖然「妳要講啊，妳講我就會做！」是真心話，也是男性的溫柔體貼；但在這種情境下，老公該說的是「抱歉我沒注意到，應該是我要做才對。」表達了自己有想要察覺的心意，有時也能成爲傳達愛的言語。

再來列出一些會讓老婆崩潰的老公慣用語。

在此不論老公的意圖爲何，僅針對老婆的理解方式來進行說明。若有讓你想起某些過去的經驗，請記得老婆的不爽就是由那句話造成的。

①「**那就不要做了嘛！**」

若對抱怨做家事很辛苦的老婆說出這句，老婆就會理解爲「妳總是在做的那些事，對我（或是整個世界）來說並不重要，妳不做也無所謂。」

②「**不就是這麼一回事嗎？**」

對於老婆的牢騷，只要用「我懂，眞的是很慘。」之類的話表達同理心即可。不請自來的總結或解決方案，只會徒增額外壓力而已。

③「**菜就只有這些嗎？**」

就算老公只是爲了先估算一下自己要吃的飯量與菜餚的比例而問了這句，但聽在老婆耳裡，也還是像「妳就只做了這些菜喔？」不必要的話還是少說，記得稍微注意一下情況。

④「**妳今天都在幹嘛？**」

對家事做得不順利的老婆而言，這聽起來就像是「妳一整天都待在家，還是無法把家事做好嗎？」

⑤「**妳一整天都跟○○（小孩的名字）在一起，眞好～**」

這句話聽在某些老婆耳裡，比什麼都更令人感到辛酸，感覺就像被責罵了。

在上列句子中，尤其該注意的是④和⑤。若老婆是全職家庭主婦或處於育嬰假期間的話，這兩句可是格外致命。因爲原本在生產前是能夠掌控家務的，但往往在孩子出生後就開始失控。

尤其當老婆越是優秀的全職家庭主婦，老公就越難注意到老婆的家務勞動量及辛苦程度。一旦老婆把家務處理得很妥當，常態性地忽略過程的男性腦，便會以爲「眞的很輕鬆」。於是不知不覺地便說出「畢竟是全職家庭主婦，很有時間啊！」、「在公司裡，我有些下屬可是要工作、同時又要照顧小孩的喔！」之類的話，往往會把傷口越扯越大。

兼顧工作與育兒的職業婦女，一開始就知道自己必須放棄家務，只能選重要性高的做，對於讓老公分擔家務一事也沒有罪惡感。但全職家庭主婦白天必須陪著不按牌理出牌的小孩，又會想把家務做到盡善盡美，所以會逐漸陷入困境。

10 開通心靈的通訊線路

正如前述那些「會讓老婆崩潰的話」，老公總在無意之中傷了老婆。到底爲什麼女性腦這麼容易被沒惡意的話給刺傷呢？男性腦的發言又是爲什麼能被轉換成那麼惡劣的話語呢？

這原因在於，男性腦和女性腦用於交談的通訊線路數量不同。

女性腦是使用「心靈的通訊線路」和「事實的通訊線路」這兩條線路來交談。即使必須在「事實」上否定朋友，女性也會先在「心靈」上予以肯定。例如：採取「妳的心情我能充分理解，如果我遇到和妳一樣的情況，也一定會做出同樣的事，但那是不對的。」這樣的說法。

男性腦基本上只有「事實的通訊線路」，所以會立刻做出結論。當男性直接說：「那是不對的。」雖然應該沒惡意，但這會讓女性覺得「心靈的通訊線路」被「故意」切斷了。

一旦感覺「心靈的通訊線路」被切斷，便會覺得自己的存在本身被否定了。其衝擊力道之大，遠超過男性所能想像。

反過來說，只要注意到「心靈的通訊線路」，便能填補男女之間的嚴重差距。

不論在事實上是要予以肯定還是否定，都必須先對老婆的心靈深處予以肯定，這就是人夫該要知道的「黃金準則」。

「心靈」與「事實」，女人的對話是雙迴路

首先，女性腦在感受對話時，共有四種模式：

①在心靈上肯定——在事實上也肯定。
②在心靈上肯定——在事實上卻否定。
③在心靈上否定——在事實上卻肯定。
④在心靈上否定——在事實上也否定。

女性腦彼此交談時，基本上不會使用③和④。也就是說，要在事實上肯定還是否定都沒問題，但女性腦是爲了尋求同理心而進行交談的，若在心靈（＝情緒）上予以否定的話，對話及人際關係都無法成立。

更何況對老婆來說，她作夢都沒想到那個曾發誓要「讓妳幸福」的老公，竟然會在心靈上否定自己。但畢竟男性腦基本上並不分別運用「事實」與「心靈」，故會讓人感覺非常冷酷。

接著，讓我舉個具體的例子來解說。

老婆對著半夜12點才回到家的老公，提起自己和國中一年級的兒子之間發生的爭吵。根據老婆的說法，是兒子的生活態度太差，讓人看不下去，所以她才開口罵了兒子。但由於兒子的態度實在過於叛逆，所以她便大吼著：「你給我滾出去，不用回來了。」結果兒子手機、錢包都沒帶，就騎著腳踏車出去了，一直到老公回到家前不久才終於回來。老婆自覺實在不該叫12歲的兒子滾出去，一直很擔心兒子會出事，緊張得心臟都快停了。

而老公的回應是「妳喔，這點眞的很糟糕！不過，男孩子也確實需要罵一下。但反正都安全回來，這不就好了？」聽了老公這番話的老婆卻更加沮喪，完全失去了自信。

在此例中，老公並未特別責備老婆，只因爲老婆本人都說自己罵得太過頭了，所以老公就表示同意而已，也沒有否定老婆責罵兒子的行爲，而且也對兒子安全回到家一事表示高興。

那麼，問題到底出在哪兒呢？

這時老公運用的是模式③，亦即在心靈上否定，但在事實上肯定。而「與女性腦對話的黃金準則」之一，就是絕對不要在心靈上予以否定。

這時，老公應該要說：「唉，那還眞的是會嚇出心臟病來，有安全回來眞是太好了。」並給老婆一個擁抱，此時不需要對如此狼狽心慌的老婆提出什麼認眞的意見。

問題就出在，老公最初回應中的「妳喔，這點眞的很糟糕！」這部分。因爲這句會讓老婆覺得，至今爲止對養兒育女所付出的努力被全盤否定了。

能夠巧妙地分別運用「心靈」與「事實」的女性腦

現在來介紹一下，能夠自在運用心靈通訊線路與事實通訊線路的女性腦，其彼此間的對話。

有三名中年女性走進一間家庭式餐廳，坐下後，其中一人發現了季節限定菜單上的芒果聖代。

女性A：「是季節限定的芒果聖代吔！看起來好像很好吃。」
女性B：「唉呀，真的吔！芒果就是好吃。」
女性C：「味道濃郁，和冰淇淋又很搭。」

七嘴八舌地爲芒果的美味興奮了一陣後，B說：「但我要巧克力的。」很乾脆地率先脫身。然後C也說：「那我要白玉丸子聖代。」緊接著脫身。重點是A也並未因此覺得不高興。

這樣的狀況就女性腦同胞而言，一點兒也不奇怪。因爲一開始已確實在心靈（情緒）上肯定了A，故之後想點什麼都行。也就是模式②的「在心靈上肯定——在事實上卻否定」。

只要先在心靈上予以肯定，事實的部分要轉向哪邊都行。反過來說，就是可以不負責任地答腔說：「沒錯沒錯，就是這樣。」

若能牢記此黃金準則，你便能在不踩地雷的狀態下堅持自己的意見，保證會很輕鬆。

不只是老婆，對女性下屬也可應用此準則。尤其35歲以下的女性對心靈通訊線路的倚賴度很高，在職場上也會尋求同樣的對話方式。當女性下屬主動拿企劃書來，就算你讀完後覺得行不通，也不要立刻說：「這不行。」不能只把事實部分反應給她，否則她就會覺得不只是企劃，就連人格也被你全盤否定了。

在這種情況下，應要先以「這著眼點很不錯。」、「喔，這個我自己也有想過。」之類的話接受其提案的熱情，然後再回應：「不過，企劃案本身還不夠理想，請再努力試試。」

專職家庭主婦的憂鬱

——無法開通心靈的通訊線路

對於無法開通老公的心靈通訊線路這點，絕望感最深的，想必就是全職家庭主婦。

職業婦女已在沒有心靈通訊線路連接的男性社會中受過鍛鍊，故在與老公交談時，即使心靈上被否定，也不會太糾結，而能夠死心地覺得「反正男人就是這樣」。

然而，全職家庭主婦就不一樣了，對她們來說，老公就是全部，一旦老公不認同心靈通訊線路，老婆的壓力可不是普通的大。越是希望老公能夠理解，就越會使用心靈的通訊線路，結果便是導致對話更容易產生衝突。

例如：不管講了幾遍，老公還是把馬桶坐墊掀起來後就忘了放下。明明只要好好說明「坐墊掀起來後沒放下時，因爲沒注意到而直接坐下去的風險（事實）」就能順利溝通；但老婆卻用了心靈的通訊線路，以「爲什麼我講了那麼多次，你還是不把坐墊放下！根本不把我當一回事兒！」之類令人無法回答的問句形式，責備起老公來。

其實老婆應該要理解自己這樣的行爲，是在浪費力氣。故我只能向本書的讀者人夫們建議一些辦法，來解決這種對雙方而言都毫無建設性的對話。而其辦法意外地相當簡單，那就是「與女性腦對話的黃金準則」之二，使用具神奇魔力的句子——「我瞭解妳的感受。」

當然，其實不瞭解也沒關係（畢竟就是搞不懂嘛）。對於自己沒把馬桶坐墊放下來這件事，老公只要說：「我又惹妳生氣了，對不起。我下次會注意的。」而老婆只要自己的感受能被對方理解，對於忘了把坐墊放下的事實便會寬容許多。

老婆用不講理的話來責備老公，是一種試圖開通心靈通訊線路的、充滿辛酸的努力。對老婆說再多「正確的事實」，她也永遠都不會接受。

心口不一的老婆常用句翻譯

女性腦使用心靈通訊線路所說出的話，有時會含有一些額外的意義，而這些意義超出了男性腦的預期。

因此，在這第1章的最後部分，就讓我來試著翻譯一些「心口不一的老婆常用句」。

心口不一的老婆常用句

「你去那邊啦！」	→	都是因為你的關係讓我很受傷。給我好好道歉，快來安慰我！
「隨便你。」	→	你要是敢給我亂來我絕不會原諒你的。你要乖乖聽我的。等同於「你愛怎樣就怎樣」。
「不必，我可以自己弄。」	→	你要自己注意到啊！不願意用心察覺就表示你不愛我。
「你為什麼要這樣？」	→	我不是在問你理由，是你的言行舉止傷害到我了。
「沒事。」	→	我在生氣吔？我在哭吔？你打算就這樣把我丟著不管嗎？
「讓我一個人靜一靜。」	→	這種狀況你要真敢放著我一個人不管，你就死定了。
「一切都是我的錯就對了。」	→	欸？是我的錯嗎？是我造成的嗎？明明就是你的問題。
「你不用做沒關係。」	→	你要是做得那麼心不甘情不願的話，真的免了。我做的家事可是比你多好幾倍！
「這不是合不合理的問題。」	→	道理我聽膩了。你要說「因為我愛你，所以一切都依你。」
「我們分手吧。」	→	我們不會就此結束的，你要跟我道歉！！

第2章

讓老婆恢復笑容的辦法出乎意料地簡單！

——正向觸發機制的建立方法——

1 轉負為正的腦科學技術

第1章針對伴隨有負面情緒的體驗記憶觸發器，解說了如何避免驅動負向觸發機制的辦法。

而第2章則是針對伴隨有幸福情緒的體驗記憶觸發器，以正向觸發機制的建立及驅動爲主題。

雖說女性腦會對過去的負面經驗一再翻舊帳，很是麻煩；但同樣地，女性腦對於美好的記憶也會不斷反覆回味。只要曾有過一次被珍惜的經驗，或是曾聽過一句如珠寶般的甜言蜜語，就會永誌不忘，說來也是十分可愛。

老公若是想妥善掌控「家庭」這一專案，平常就必須多費點心思，盡可能增加老婆的正向觸發機制。畢竟基於男性與女性腦的差異，負向觸發機制無論如何就是會越變越多。而避免其惡化的關鍵，就在於擁有正向觸發機制。

正向觸發機制就如黑白棋般，落子（把棋子下在棋盤上）的位置很重要。依據落子的位置不同，黑子（帶有負面情緒的記憶）也有可能啪咑啪咑地全都翻轉爲白子（帶有幸福情緒的記憶）。

這部分最重要的關鍵點，就是結婚紀念日。

紀念日是提取記憶的日子

在對紀念日的情感方面，男性腦和女性腦可說是大不相同。對絕大多數的老公來說，不論結婚紀念日還是生日，都只是「必須做些活動並送禮物的日子」。當然到了10週年、50週年等階段，或許也還是會有「竟然已經這麼多年了」之類的感慨；但像是12週年這種不上不下的紀念日，應該是不會有什麼特別的感覺才對。

然而，對屬於過程導向型、專注於「至今爲止的路程」甚於成果的女性腦來說，紀念日是一股腦兒地把一連串記憶全都拉出來的日子。因此，依據這天所驅動的是負向觸發機制還是正向觸發機制，老婆對婚姻生活的評價可是會完全相反呢。

婚姻生活若只和糟糕的回憶連結，便會讓人感覺失敗；而若只和美好的回憶連結，便會讓人感覺成功。如果在結婚紀念日或生日時有感覺到老公很珍惜自己，老婆便會把「以往的幸福回憶」編織在一起。反之，如果覺得被老公忽視了，老婆便會把「以往令人火大、難受的回憶」給編織在一起。

請把老婆會進入回憶的編織模式並盡情編織的紀念日，想成是點數1千倍的日子，而且點數可以是正的，也可以是負的。

樂趣在於預告與重複

要讓紀念日變成更幸福的記憶，有兩個辦法，就是預告與重複。

首先從預告開始。「下個月的結婚紀念日，我們去那家有著我倆回憶的義大利餐廳吧！」請至少在一個月前就預告（若沒有具回憶的餐廳，也可以是「妳一直想去的那家餐廳」等，什麼都行），重點在於拉長「時間」。因爲比起紀念日當天，從老公說的那天到紀念日爲止的四個禮拜期間，往往更令老婆充滿期待也更享受，這就是女性腦的特質。

將情緒累積於時間軸的女性腦，最喜歡期待樂趣的感覺。

老婆會一再回想老公說的「有著我倆回憶的義大利餐廳」，並在心中描繪出當天的情境。每天下班都順道去逛個街，然後選一件美呆了的洋裝；還會把搭配洋裝用的淺口高跟鞋拿出來擦一擦；從預定日期倒推，先把美容院給預約好；就連平常不敷面膜的也開始敷面膜，甚至去嘗試美甲沙龍。

從幾個月前就開始預告的旅行也很棒。老婆會想著要去哪個景點、要去哪裡喝茶、要去哪個餐廳吃飯、要買哪些土產等，不僅買了旅遊書參考，也上網搜尋資料，很早就開始想像自己和老公一起走在當地的畫面。甚至那趟旅行要穿的衣服和鞋子、要提的包包、要在新幹線上吃的便當等，心裡計畫著各種選擇。從預告至當日的時間越長，期待的時間與分量也就越多。

光是提及即將來臨的紀念日，就能夠建立出這樣連接至紀念日的一連串過程，而這對過程導向的女性腦非常有效。

女人約會一次，可以開心一整個月

上述這些做法也可應用於平常的約會。例如：當老公或男朋友說：「梅雨季結束後，我們去喝好喝的啤酒吧！」女人便會想像自己在有著舒適露台的餐廳，一邊欣賞夕陽一邊喝著啤酒。光是如此，就連煩悶的梅雨也變得好可愛。

此外，還能應用在更一般的日常生活中。若老公說出：「我買了好喝的葡萄酒，我們週末來喝吧！」老婆便會思考有哪些適合搭配葡萄酒的料理，並且比平常打掃得更加仔細認眞，搞不好還會特別用熨斗把桌巾燙一燙呢。

越是因忙碌而鮮少與老婆溝通的老公，越是可以運用這種方法。因爲只是做個預告，便能讓老婆在實際上什麼也沒做的這段時間裡，愉快地度過。

話雖如此，但想必很多男性同胞們都會擔心「做了預告，讓她那麼期待，萬一無法依約做到怎麼辦？」

驚喜有時會造成反效果

但其實事情不見得有這麼嚴重。畢竟期待的過程已經讓女性腦感到幸福，故即使實際約會延期，意外地反而會爽快地原諒說：「這也是沒辦法的事。」

女性腦會以面來填滿點與點之間。也就是說，若每個月有1次約會，那麼約會前的兩週是當成預告來期待，而約會後的兩週則是做爲餘韻來享受。

如此看來，光是每一到兩個月適度安排一次約會及稍微豪華的週末家中晚餐，就能愉快地過日子的女性腦，是不是開始讓人覺得有點可愛呢？

能讓紀念日有效化的第二個辦法，就是重複。

當天，於紀念日席間，請務必回顧一下兩人一路走來的歷程，要表達「過去曾發生了很多事，謝謝妳一直都對我不離不棄。今後也請繼續陪伴我。」之意。若能擁有一位確實理解自己每天不斷累積努力的老公，甚至還會跟自己一起回顧兩人一路走來的歷程，老婆一定會很滿意。

紀念日是把平常的負分一口氣轉正的好機會，怎麼能夠不加以好好利用呢？

此外，爲了保險起見，有件事必須讓各位知道。那就是正因如此，故即使老公花了再多時間和精力做準備，也很少有老婆會因爲驚喜而感到開心。

生日當天被老公約出去，在未經預告的情況下被帶到高級法式餐廳。

用完餐後，服務生送上燭光搖曳的生日蛋糕，同時樂團開始演奏起生日快樂歌，還收到一大把老公事先交給餐廳的玫瑰花束……

就算被安排了如此浪漫的情節，老婆也不怎麼高興。反而還會覺得自己在服裝不合宜（男性往往不會注意到）、髮型及化妝也都不夠完美的狀態下，就沐浴在眾人的目光下，覺得有夠丟臉又悽慘的。而最悲哀的莫過於，一邊在腦海裡描繪當天情景一邊選擇禮服、上美容院等樂趣，全都被徹底剝奪了。

未顧及老婆想法的驚喜，有時可是會創造出特大號的負向觸發機制。這點也請務必牢記。

2 在平日效果奇佳的言語和行動

如果說，紀念日是建立極其浮誇的正向觸發機制、並回顧兩人一路走來歷程的日子，那麼能夠強調「我心裡一直都有妳」的，就是平靜的普通日子了。

女性腦不論在做家事還是工作時，腦海中會突然浮現自己所愛對象的臉。當手邊的事告一段落時，便會想著「他現在不知在做什麼？」到了中午就會想「他在吃什麼呢？」在外頭發現了似乎很好吃的甜點也會想著「買回去不知他會不會開心？」

對女性腦來說，這就是「愛」。

而男性腦則是一出了家門，根本不會想到老婆的臉什麼的。長年以來持續狩獵、打仗的男性腦，若是因出門時看見的老婆臉色或表情而分心，要不被長毛象踩死，要不被敵人用箭射死，應該很快就會丟掉性命。活在現代的男性也一樣，處於工作模式的男性腦並不會輕易切換至家庭模式。

女性腦是為所愛的人著想的終極偏心腦

就如前述，男人打從還是小寶寶時，便以俯瞰世界的方式玩耍。在和自己稍有距離處，若有像消防車等工程車之類，可看出形狀及構造的東西存在，男孩們就會很興奮。他們會在腦海中測量其距離、想像其形狀、歡欣雀躍地想著要使裝置運作起來。這產生了高度的空間感，也培育了好奇心。

當男孩子沉迷於不同於「自己」的工程車時，女孩子則是一邊抱著娃娃及絨毛玩具等，一邊感受「自己」。自己覺得舒適、自己覺得開心、自己被人寵愛等，對女孩子來說是最重要的。

這是因爲雌性的哺乳類若自己不處於健康舒適的狀態，便無法繁衍子孫。重視自己就等於是在保護基因，而保護基因是生物的最基本本能。因此，對於自我保護的要求，是雌性哺乳類最重要的本能。

所以女性對於自己身體狀況的變化，有著數十倍於男性的敏感度及掌握度。稍微有點冷就會吵著嫌冷，稍微有點熱就會抱怨好熱。肚子餓了就心情不好，腳痛了就說沒辦法走。

對男性來說，這看起來就只是很任性而已。但其實這樣的言行舉止，是來自於必須讓自己時時處在舒適狀態的責任感。這和只要能成功交配完，就算當場死掉也能留下基因的雄性，在責任的重大程度上，可說是完全不同。

想要被人寵愛亦是基於同樣理由。被擺在第一位就代表著自己和自己孩子的生存機率確實提升。女性腦最重視的就是對自己和自己珍愛的人，想要傾注時間與情感，是一種終極的偏心腦。

因此，女人深信隨時隨地都想著對方是一種愛的行為。無奈的是，比起自己，男性腦更嚮往世界及宇宙。由於男性腦並不關心「自己的感受」，所以對「自己的內人＝老婆」，也並不感興趣。越是覺得老婆離自己很近，就越沒興趣，這就是男性腦。

若你現在和老婆處得不太好，希望彼此的關係能有所改善的話，就該反其道而行地利用女性腦的這一特徵。

說感謝不如說「我都知道」

若哪天老婆突然嘟囔起「反正你對我根本就……」之類的話時，就表示她覺得「你不重視我」，也代表了「你根本不關心我在做什麼，也不覺得感謝」之意。

經細問後，老婆才終於說出理由。原來是老公昨晚突然被找去喝酒應酬，但忘了「打電話跟老婆說自己不回家吃晚飯」。老婆可是加班後疲憊地回到家，連衣服都來不及換，就趕忙準備了晚餐。

這時老公一半基於體貼、一半嫌麻煩地說出：「妳很累的話，就別做了。晚飯在便利商店買一買也可以。」之類的話，便造成老婆受傷更深。因為老公說老婆做的晚飯，可以用便利商店的食物來取代。而當老公慌忙地改口說：「我當然一直都很感謝妳啊！」，卻又被老婆的一句：「你感謝什麼了？」給問得啞口無言，實在不知該怎麼回答才好。

老公向老婆表達感謝之意這件事，感覺好像很簡單，但其實是難度很高的一項任務。當老婆說出：「反正你對我根本就……」之類的話時，請立刻回應：「我從沒那樣想過，妳對我來說一直都是最重要的。」完全沒時間讓你害羞。

重視過程甚於結果的女性腦，爲了老公和家庭，很重視每天重複執行的各種家務。既然說「謝謝」太難，那麼老公不如就對老婆一直以來持續的付出，表示「妳一直爲我所做的，我都知道」。

至於說的時機，最簡單的就是結婚紀念日。因爲可以不做作地回顧兩人一路走來的歷程，10週年就回憶10年份，20週年就回憶20年份。

建議各位老公可試著在紀念日當天的早上，很有感觸地說：「妳煮的味噌湯，我已經喝20年了呢！」這時老婆的腦袋裡便會浮現出過去反覆數千次煮味噌湯的情景。

「一直以來，妳持續不斷地爲我做的，我眞的都知道」這樣的訊息，比任何甜言蜜語都更令老婆感動。

若是想在平常的日子表達，則可選在「總是」恰巧沒發生的那天。

例如：每天早餐總會有老婆親手醃的米糠醬菜，但或許是昨晚恰巧忘了醃，所以今天早上沒有。這種時候就可以說：「欸？今天沒有米糠醬菜啊！沒吃妳做的米糠醬菜，就沒有早上的感覺。」

或是在每天總會做便當給你的老婆，因太忙而無法做料理的那天，於回到家後對老婆說：「我發現，原來我其實每天上班都很期待妳做的便當吔。」

又或是平常老婆總是會煮咖啡給你喝，但某天恰巧是你自己煮給自己喝時，也可以邊喝邊說：「還是妳煮的咖啡比較好喝吔！到底是爲什麼呢？」

重點在於，強調一旦「老婆總是爲你做的那件事」沒發生，你就會茫然失措。

有點麻煩的老公，其實很可愛

事業有成、長得帥、很會做菜、愛整潔、不僅完全不抱怨工作上的事，還能輕鬆地把甜言蜜語掛在嘴邊——女性們總是夢想著世上要是有這種男人就好了。

但若是眞和這麼完美的男人一起生活，幸福的日子必定無法長久。女人不久便會開始抱怨：「兩人在一起毫無意義。」、「對你來說我，到底算什麼？」

這是因爲，人腦是透過互動來運作的。相對於自己的存在及言行舉止，人腦透過環境（包括人）的變化來認識外界，進而也認知到自己的存在。

沒有認知，就沒有思考也沒有行動。因此，對互動有高度需求的嬰兒等，若與周遭缺乏互動，腦神經迴路甚至會無法正常發展。

人之所以會有「寂寞」的感覺，正是因爲與外界互動是腦部的一個重大元素。「寂寞」的基調存在於腦內，而大腦始終爲了尋求對「寂寞」的互動而行動。

對大腦來說，最甜美的對象莫過於「沒有我就不行的男人」、「少了我就活不下去的女人」。只是若沒產生互動就沒意義，自己的存在多少能讓對方往好的方向變化，並因對方所爲而感謝是很重要的。

正因爲有個在忙碌的早晨會抱怨「少了妳的米糠醬菜就無法開始新的一天」的麻煩老公，老婆才會有動力從明天開始繼續反覆努力。這就是女性腦。

有效活用手機

一定有一些男性朋友是屬於無法當面對老婆說感謝的類型。若你處於尤其最近和老婆不太講話、不知道到底該說些什麼、沒有共通話題之類的狀態，那麼就溝通手段而言，我建議採取手機傳訊的溝通方式。

話雖如此，對平常回訊給老婆都只有像『**回來時順便買瓶牛奶↓好**』這種業務聯繫式回應的老公來說，肯定不知道到底要傳什麼樣的訊息才好。

故接下來，提供一個老婆時不時（應該）會傳給老公的訊息，以供各位參考。

例如：「今天的午餐是本年度首發的中華涼麵！」這種訊息。老公看了這種訊息後，心裡只會覺得「所以呢？」完全搞不懂對於不是自己要吃的涼麵，應該要怎麼回應。

這也是因爲老婆在使用「心靈的通訊線路」，而老公畢竟只用「事實的通訊線路」，所以會搞不懂也是理所當然。

將該訊息翻譯成白話文，意思差不多是「今天好熱喔，你有好好吃午飯嗎？我在現在這一刻也想著你喔！」她所傳達的是「我總是想著你。」而對此，老公只要回應「自己的事實」即可，像是「我已經滿頭大汗了，我吃的是咖哩豬排！」

把出差當成一個好機會

像這樣「沒啥事」的訊息，請老公們也試著主動傳傳看。

例如：在出差回程的新幹線上，傳個『剛經過小田原站。座位全滿！』就夠了。其實就只是傳點男性腦擅長的「事實」而已，但女性腦便會自顧自地將之翻譯成「過了小田園站就表示快到家囉！今天累翻了，好想早點見到妳。」。

即便傳一張透過車窗拍攝有趣的雲朵照也行，老婆收到後，也會一邊看著天空一邊將之翻譯成「我現在也想著妳喔！」

還有像是『好久沒吃妳做的咖哩了，有加絞肉和豆子的那種。』之類，對有一陣子沒出現在餐桌上的老婆拿手菜，提出要求也不錯。收到這類訊息，往往會令女性腦很開心。

因爲這樣就可以一邊回應『肉醬咖哩啊，那我得去買個鷹嘴豆回來才行呢。』一邊想像今晚一家人一起吃咖哩的樣子，享受那樣的計畫安排。且由於感受到老公確實知道自己對料理的用心，覺得有被尊重，故對老公的好感因而大幅提升。

不管怎樣，只要能傳達「不論身在何處，我都想著妳」這種感覺，就算成功。

當然，這只是策略之一。你不必刻意在白天工作時想著老婆，像是移動時、午休時、在外出會談後回公司的路上等，在稍微有點空檔的時候，試著「有意識地」傳送這類訊息試試。

不過，至今爲止什麼都沒做過的老公，若突然開始做這種事，老婆應該會覺得很可疑。若老婆問起「你是怎麼了？」的話，那你的機會就來了，這時請回答：「我想說，最近沒什麼機會跟妳講到話。」這也只是單純地傳達了事實，但老婆卻會自行將之轉換成「喔，你想跟我講話啊，你這人也是有你可愛的地方嘛！」

不知怎麼回訊息時，總之就依樣畫葫蘆地應付過去

另外補充一下，當老婆傳來『有如現場直播般令你不知怎麼回的訊息』時，請記住，這是老婆在試圖連結老公的心靈通訊線路。所以你必須回訊，但也不必想得太難就是了。

她若傳『公車一直不來！』，你就回『○○路公車經常遲到，真是辛苦妳了。』。她若傳『下雨了，真討厭！』，你就回『下雨了啊！回家要小心喔！』等，只要照著老婆的話依樣畫葫蘆地傳回去就行了。這是最重視同理心的女性腦平常用的方法。

收到老婆「公車不來」的訊息時，與其回傳「早上容易塞車的關係，明天早點出門就好了。」之類的建議，前述回應方式就算毫無資訊量可

言，心靈的通訊線路也（應該）有通。

買個伴手禮回家吧！

還有別的辦法也能讓老婆不由自主地嫣然一笑，而其中之一就是伴手禮策略。這是即使講話、寫信、傳訊等都不擅長的害羞男，也能做到的一招。

這裡說的伴手禮完全不必是高價品，重點在於味道要不錯，而且要在平凡無奇的日子送。

對老婆來說，結婚紀念日和生日要送禮基本上已是老規矩，故這種送法能讓老婆感動地覺得「不是任何紀念日，卻還送我禮物，眞的是很在乎我。」

你可以在下班回家的時候，到百貨公司地下街買個日式甜饅頭來當伴手禮。

由於過程導向的女性腦，希望感受到的是「想著對方的時間」，因此，若是帶著「特地繞路去排隊才買到的熱門商品」或「事先預約才買到的限定商品」等花了時間、精力及心思才取得的伴手禮回來的話，效果將會非常好。

又或是恰巧記得老婆在過去對話中，曾不經意提到自己喜歡什麼甜點，例如：「妳不是講過妳很喜歡○○麵包店的紅豆麵包嗎？我今天有經過附近，所以就……」之類，也能讓討喜度倍增。

女性腦喜歡「有故事」的禮物。光是一個手掌大的紅豆麵包，便能讓她們感受到滿滿的愛意。

這個伴手禮策略若能每月實行一、兩次，就能期待有相當大幅度的好感提升效果。

創造「經典的幸福甜點」

此伴手禮策略，亦可應用於吵架後的求和。

有時明明只是在口頭上稍微有些爭執，雙方卻火氣越來越大，進而發展成嚴重的吵架。雖說基本上應該要好好聽聽老婆的說法（就算你覺得不合理），但當老婆說出「我不想再看到你！」之類的話時，老公還是暫時出去一下。

這樣不僅能讓彼此冷靜，再加上老婆一說出：「不想再看到你！」之類的話時，老公還眞的就離開了，這會令老婆十分狼狽不堪，故就這層意義而言，老公離開現場也比較有效。

老公出門到某處消磨時間，過個一、兩小時後要回家時，可到便利商店或超市買個伴手禮。而這件手禮，以兩人都愛的「經典的幸福甜點」爲最佳選擇。

這「經典的幸福甜點」一旦設定完成，於今後和老婆間無可避免的眾多戰爭中，它都會是你強而有力的武器。

接著，就來說明其創造方法——

① 所謂「經典的幸福甜點」最好是〇〇牌的牛奶巧克力、△△牌的焦糖牛奶糖，或□□麵包店的紅豆麵包之類，能在便利商店或自家附近超市等處輕易買到的產品。其本身就是一種經典，要選擇一直都存在的商品才好。

② 一邊說：「我從以前就很喜歡這個。吃了有幸福感，對吧？」一邊

推薦給老婆，兩人一起吃。

③ 這時，也要問問會讓老婆感覺幸福的傳統經典甜食是什麼？

④ 若你老婆較細心，（應該）就會偶爾買買該甜點回來。而當然，也請你要偶爾購買老婆愛的甜食回家。

⑤ 經典的甜點不論在約會時、去旅行時，還是在家放鬆休息時，都應常備無缺。

以上便是創造能讓兩人都感到幸福的「經典的幸福甜點」的方法。若原本兩人都各有自己喜歡的經典甜點的話，當然可直接採用。而這經典甜點也能做爲老婆鬱悶沮喪時、似乎很忙時、很累時的伴手禮來使用。

若被老婆笑說「又是這個？」的話，就回答「沒辦法，因爲跟妳一起吃這個就會覺得幸福啊！」

如果現在的你們倆實在不可能創造出上述情境的話，那就選便利商店推出的新甜點，或是便利商店冰品中最貴的頂級〇〇之類的冰淇淋。

之所以要選甜食，是因爲甜的東西能夠暫時促進亦有幸福荷爾蒙之稱的血清素的分泌，能緩解大腦的緊繃。

現在讓我們回到吵架的部分。一旦回到家，（不論吵架的原因爲何）務必先對老婆「受傷的心靈」道歉，表達「對不起，害妳這麼難過」之意後，再將伴手禮送給老婆。這時因老公憤而離家導致的心煩意亂，便會轉爲安心，然後買了兩人的經典幸福甜點回來的老公心意，也會軟化老婆的心，於是大多數的爭吵應該都能夠就此平息。

這便是將吵架造成的負向觸發機制，轉化爲小小的正向觸發機制的奇妙魔法。

3 不論到了幾歲都需要情話綿綿的女性腦

男人都不擅長讚美老婆。

其理由之一，就是具高度空間感的男性所擁有的延伸感覺。

男性腦的延伸感覺遠比女性腦要高得多，能將摩托車的機械裝置及工具等當成自己身體的一部分，靈活自在地操控摩托車、使用工具，就彷彿有神經連結著一般。而顯然他們也運用這種能力，把長時間一起生活的女性當成了自己身體的一部分。

就像人不會特地稱讚自己的右手，男人也不會一直稱讚自己的老婆。人不會對自己的右手說：「我愛你。」所以男人也不會對老婆表達愛意。

延伸感覺較低的女性腦，由於不具一體感，往往希望得到語言上的連結。但這樣的想法對男人來說，非常難以理解。

成了老公一部分的老婆，其對男性而言，一體化程度越高，就越會感嘆無法獲得甜言蜜語。再怎麼拚命做菜也不會被稱讚「好吃」，剪了頭髮回來老公就連一句「滿好看的」也不說。

各位人夫們請試著想像，有一天希望得到你讚美、已與你一體化的老婆，卻先早一步過世的話，你會有什麼感覺？肯定會有強烈的失落感，就像是失去了身體的一部分，所以偶爾送點綿綿情話給老婆當禮物吧！

稱讚她的時候，要選在幸福的情境

對自身情緒很敏感的女性腦，把用言語讚美及疼惜重要對象視爲「愛的證明」，當然也會期待對方回應同樣的言語。

這時必須注意的是，會讓男性腦和女性腦感到高興的稱讚方式，並不相同。

以對象爲參考點來掌握自身立場的男性腦，喜歡被說是「最棒的」。在許多人之中，經比較後被稱讚爲「你是最棒的」，便會感到開心。

女性腦則喜歡獨一無二。讚美時，男人很容易說出：「妳是最美的。」之類的話，自己被這麼稱讚當然會開心，然而，光是想到有比較對象這點，便會讓女人莫名地不爽起來。

所以「我們在一起是有意義的，而這樣的女人只有妳一個。」、「對我來說，妳是唯一的女人。」等說法，才更能射入女人心。

時機不對，努力就白費

有時，爲了改善吵架後隔天早上糟透的氣氛，有些老公會對著一臉不爽的老婆說出：「妳好漂亮。」之類的話，試圖創造出新的火種。但這是行不通的，因爲企圖太過明顯，一下子就被對方看破手腳。

讚美老婆必須選在該本人心情愉悅時，是永恆不變的鐵則。

例如：在打扮得漂漂亮亮地前往用餐的餐廳裡，對著穿白色洋裝的老婆說：「妳今天眞美。」這時雖然老婆嘴上可能會說：「都老夫老妻了，還愛耍嘴皮子。」之類的話，但其實心裡很高興。

讚美她做的早餐也是一樣。在老婆確實花了時間做早餐的那個早晨說；「每天都能吃到妳做的早餐，真令人開心。」之類的話會很有效果。但若是在她很忙碌時，只是匆忙以微波爐熱了現成的東西就端出來的那種早晨說出此話，只會讓她覺得「你是在諷刺我嗎？」肯定會帶來反效果。

就策略而言，讚美的話並不能做爲將負轉正的工具來使用。在她愉悅時予以讚美，亦即若能夠錦上添花，那麼其效果便會大大出乎預料。

以西方男性為範本，謹守護花使者的原則

每天說一次「我愛你」，早上出門前必定要親一下、在餐廳用餐時讓她坐在內側位子、下樓梯時要站在前面扶著她的手臂、替她提重物、經常在她耳邊說她很美、說自己想成爲這樣的男人……等等，姑且不論是否眞心如此，但這就是西方男性每天都在實行的言語及行動。

男性同胞們大概會覺得，一天到晚在那邊要求男女平等，這時候卻又要強調自己的女性身分，眞是太奸詐了。

但畢竟身爲哺乳類的人類女性們能夠延續的後代數量較少，生育風險較高，因此，若無法獲得相對較多的營養，並在自己所屬的體系中獲得相對較佳的待遇的話，就無法安全地完成生育的任務。

也就是說，「想要被偏好」、「想要被珍惜」等情緒，並不是虛浮的戀愛心理，而是迫不得已的生殖本能。而西方男性的「女士優先」禮儀，完美符合了女性腦的本能。

其實，男性腦本來就不具備女性腦擅自想像的那種「包容體貼」功能。這不是標準配備，而是靠經驗培養出來的選配。就連西方男性也不例外。

西方男人並不是自然而然地想到要這樣行動，而是從小就由母親將這種護花使者般的言行，做爲一種男性守則，灌輸於其腦中。所以就算是小學男生，坐電車或公車時，也會讓座給女生；甚至於餐廳用餐時，在奶奶或媽媽就坐前也絕不會先坐下。

這部分請向西方男性學習，培養如護花使者般的行動原則。「和老婆一起走時，自己要走在靠車道那一側」、「下樓梯時，要注意她的腳步」、「進了餐廳或咖啡廳，要讓她坐在內側位子」、「在餐廳或咖啡廳時，要等老婆先坐下後自己才坐」、「先幫忙把門打開並等她通過」等，總之，該先做到的有這幾點。

即使男人是基於遵守原則的責任及義務在做這些事，老婆還是能夠感受到老公的溫柔（＝愛），於是外出時老公就比較不容易觸怒老婆。此外，一旦養成了自然的護花使者習慣，看起來就會像個瀟灑成熟的男人，對自己也是有好處。

嗜吃甜言蜜語的女性腦

女性腦有個習慣，就是會想聽一些固定的話。

很愛老公的老婆尤其會一再反覆詢問同樣的問題，像是「你愛我嗎？」、「我不在的時候，你會覺得寂寞嗎？」而老公則回應「當然，我最愛妳了。」、「還用說嗎？當然會很寂寞啊！」這些也都反覆以標準的肯定句來回答即可。

個性乖僻的男人在面對這種固定的問題時，往往會想以變化球應付，像是回答「這個嘛……」、「那妳呢？」等，但這時嘲弄、挖苦並不是什麼好辦法。因爲女人只是想要像吃糖果般地，享受著讓顯然已確定的固定答案在舌頭上滾來滾去的甜蜜滋味。

女性們彼此還會如「妳今天的口紅顏色好棒喔！」「是嗎？不會太浮誇嗎？」「不會，完全不會。把皮膚的顏色襯得很美呢！」「眞開心！春天到了，所以我買了這個新的顏色。」、「眞不賴，看起來很明亮豔麗呢！」這樣，於一再重複的同時添加一些變化。

所以，只要其男性對象還沒嫌煩，女人就會每天一再進行「愛我嗎？」、「當然愛」之類的對話。換言之，當老婆問你這類固定的問題時，就表示她確確實實地迷戀著你。

也可在變化球或曲球來之前，以直球一決勝負

只是以直球直接問說：「你愛我嗎？」、「你喜歡我嗎？」、「你覺得我漂亮嗎？」等，是率直而天真浪漫的老婆，這很簡單容易懂。對男人來說，麻煩的是明明想要固定的肯定句，卻用變化球來問的老婆。

其實最好把絕大多數老婆的問題都當成變化球會比較好。

先是說話帶刺、一臉不爽、開始沉默不語等，然後又說出「我怎麼了你根本都無所謂，對吧？」或是「你對我完全不感興趣，對吧？」之類的話。而有時也會出現「我可不是你媽。」「你其實只是想要有個女傭，對吧？」等變化版。但這些問題想要的答案都只有一個。只要回答：「當然有所謂啊，我最愛妳了。」即可。

面對「幾十年來你都一聲不吭地吃我煮的菜，到底是好吃還是不好

吃？」這樣有如拉開熟年離婚*之序幕般的老婆一輩子份的怨恨，請回送一輩子份的甜言蜜語：「妳做的菜讓我能夠每天繼續奮鬥。曾經工作上遇到困難、痛苦，令我覺得什麼都不想管、一切都好煩。但晚上一吃到妳做的法式蔬菜牛肉湯，就覺得自己又活過來了。我眞的很感謝妳啊！」也就是說，不論直球、曲球，還是指叉球，女人之所以會跟你東拉西扯地無理取鬧，就是因爲想要吃糖，想要這樣的「甜言蜜語」。

而男性腦雖然知道這點，但就是很難說得出這樣的甜言蜜語。在這種情況下，護花使者原則也能有效發揮作用。若覺得老婆的耍賴要糖行爲很惱人、很麻煩的話，就要先下手爲強，直接給她甜言蜜語就行了。

若能像西方的男人們那樣說得出「我愛你」、「我最喜歡你」的話最好，但若你比較害羞的話，一句「謝謝」也很足夠。

*注解：泛指中高齡夫妻的離婚，為日本近年來特殊的社會現象。

4 勸和不勸離的理由

本書閱讀至此，不知各位是感到「恍然大悟」，還是覺得「女人果然麻煩」？對於要花這麼多時間、精力來討好、取悅，但卻必定還是牢騷不斷的老婆，或許就這麼分了也好？

同居期間在20年以上的熟年離婚正持續增加。根據日本厚生勞動省（相當於台灣的衛生福利部加勞動部）所公佈的資料，以同居期間在20年以上的離婚件數來說，一九八五年有2萬434對，到了二〇一五年則變成3萬8641對。

換言之，這30年來熟年離婚的件數已增加到近2倍之多。至於同居期間30年以上的離婚件數，則是在這30年內增加到了近4倍。

而離婚的原因除了外遇問題、浪費及債務、身體暴力、精神暴力、經濟上的虐待等能客觀清楚理解的理由之外，還有一些長年相處的夫妻特有的理由。

亦即所謂「沒自信這輩子有辦法繼續和這個人一起走下去」這種理由。到了人生百年的時代，即使是60歲退休，也還剩下近40年的漫長歲月。在考量那些日子「能否繼續和這個人一起度過？」時，有越來越多人爲了能夠重新活得像自己，而選擇了離婚這條路。

在此列出幾個「老婆」覺得沒自信能和老公繼續共度人生的理由——

■老公在家會造成壓力

——老公退休後整天待在家，以往不太在意的生活習慣差異，成了老婆的壓力。

■個性不合

——雖然當初剛結婚時就有發現兩人個性不合，但爲了孩子或生活而忍了下來。可是當一起度過的時間越來越多，超過了忍耐極限，就開始變得對一切都不滿意。

■無話可談

——小孩在的時候沒注意到，但只剩夫妻兩人時就變得聊不下去。不僅覺得寂寞，也感覺不到繼續在一起的意義。

■價值觀不同

——隨著年紀越來越大，價值觀的差距也越拉越大。

■公婆的照護問題

——老婆在照護方面的負擔較重，或是在這部分並未特別感謝，不曾獲得任何關心、慰勞的話，長期累積的怨恨大爆發。

■在家務方面的不滿

——老公退休了就待在家悠閒度日，但老婆卻沒有退休可言。老公一旦待在家裡，家務便會增加。又或是老公完全不管家務、只會用嘴指揮老婆做家事等。

這些都是老婆想跟已經一起生活多年的老公離婚的「老公很難看得出來的原因及理由」。對老婆來說，離婚並不是最近才突然出現的想法，而是由老公退休、小孩獨立離巢、照護公婆等因素，觸發了過去所有負向觸發機制的總結算而造成的結果。

所謂「盡責」的愛，無法被女性腦理解

但對老公來說，不幸的是，男性腦的「愛的證明」和女性腦的「愛的證明」完全不同。

男性腦所認為的愛的證明，就是盡責。

小學生們都理所當然地去小學上課，不會逐一思考「是為了將來所以必須上學」或者「是因為喜歡所以上學」等，男人的愛就類似這樣。

而小學也不會辜負小學生。不論是怎樣的小學生，學校都不可能告訴他：「你好像不喜歡我們學校，所以今天的營養午餐沒你的份。」只要每天去上學，每天教室裡都會有自己的位置，每天也都能吃到美味的營養午餐。

男人腦海中所描繪的女人的愛，也是這樣，所以不論颳風下雨還是宿醉的早晨，男人都會如常地出門工作、回家，然後把收入交給老婆。這就是男人的「我愛你」。

可是女人的「小學」會擅自探查男人心裡的想法，會根據男人們想都想不到的事情做出「沒誠意」、「不用心」等判斷，然後把男人的座位移到教室外，或是不給他營養午餐吃。

女人這種小學，真的是相當恐怖。

能夠拯救老公的女性腦避險力

儘管如此，還是有理由可相信「有老婆是比較好的」。

就具體實際的好處而言，光是健康壽命就很不一樣。根據日本《人口學研究》中「日本的配偶關係別健康餘命」（小松隆一與齋藤安彥）的研究結果，比起有老婆的男性，與老婆分開的男性在40歲時的健康餘命，大約少了10年左右。

此外，依據東洋經濟線上的「爲什麼『離婚男性』的疾病死亡率很高？」（荒川和久）一文中，比較已婚、未婚、喪偶、離婚等不同情況下的死因及死亡率。在病死、意外事故、自殺等所有分類中，離婚男性都呈現絕對領先的狀態。以病死來說，在惡性腫瘤、白血病、糖尿病、心臟疾病（不包括高血壓）、腦血管疾病、主動脈瘤及剝離、肺炎、肝病、腎衰竭等所有項目中，除了剝離的死亡率很高外，尤其糖尿病的死亡率是有老婆者的10倍以上，肝病則爲8倍以上。

由此可看出離婚後男性在生活週期、飲食生活方面的紊亂，以及對酒精的倚賴等問題。

還有，老公對老婆的心理倚賴度也很高。觀察日本內閣府（相當於台灣的行政院）的《第七次老年人的生活與意識相關國際比較調查結果》中「支撐自己心靈的人」這一調查結果後發現，支撐著日本男性心靈的第一名就是配偶或伴侶，佔78．8％，遠高於第二名小孩（包括養子）的48．3％。另外補充一下，日本女性的心靈支撐則以小孩（包括養子）爲第一，佔65．0％，以配偶或伴侶爲第二，佔54．0％。

在日本、美國、韓國、德國、瑞典等五國的調查結果中，韓國、德國、瑞典的男性，也都是以配偶或伴侶爲第一名（美國爲第二），而這些國家的女性沒有一個是以配偶或伴侶爲第一名。

女性的察覺能力遠高於自己的想像，她們往往也是在無意識中注意到自己重視的人的微小變化。

藉由可鉅細靡遺地掃描眼前事物，任何細微變化都不遺漏的能力，女性就能掌握還不會說話的嬰兒的健康狀態，也能察覺小孩和老公的疾病，甚至可以識破謊言。

所謂「不知怎的，總覺得不太對」，其實就是女性腦的避險觸發機制，而這能夠拯救老公的性命。

囉唆是因為想跟你一起過下去

一整天當中，女性腦的避險觸發機制會在各種情境下被驅動。

從「你刷過牙了嗎？」、「去洗澡」、「別睡在沙發上，去床上睡」、「先從蔬菜開始吃起」、「你喝太多啤酒了」、「你該戒煙了」等生活習慣開始，到「別把熱鍋直接放在餐桌上」、「洗完澡要記得打開抽風機」等家規，女性腦會逐一仔細提醒或發出命令。

雖然這實在是非常囉唆，但老婆之所以會嘮嘮叨叨地講不停，是因爲想跟老公長長久久地一起生活下去。

如果不刷牙而得了牙周病，不僅會失去牙齒，罹患心臟疾病及糖尿病的風險也會增加。餐桌的問題也一樣，不過只是一次直接放上了熱鍋，餐桌並不會有什麼變化，但以長期的前後關係來觀察事物的女性腦，便能預料到老公會再犯下第二、第三次同樣的錯誤，也能預料到當該行爲一再重複，餐桌表面的塗料就會剝落，日後便將無法使用。

因此，老婆是老公的守護者。

女性腦把察覺當成愛；女性腦希望被讚美、被認同；女性腦希望只有自己能獲得特殊待遇；女性腦偶爾會需要綿綿情話或甜言蜜語。而這些對男性腦來說都只是難搞又麻煩。

不過，女性腦的鬧彆扭、生氣，以及囉哩囉唆，可都是還愛著老公的證據。

不爲老婆，而是爲了你自己的避險目的，你是不是該全心全意地好好安撫老婆的女性腦呢？

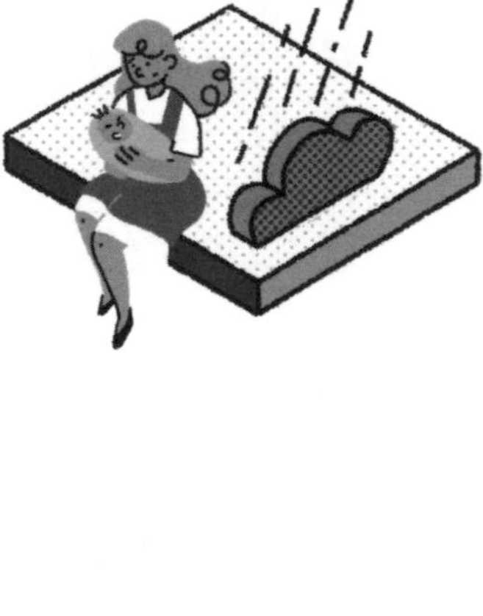

結語

真正的好老公的條件

本書一開始便開宗明義地表明「讓老婆射出的子彈從10顆降到5顆，正是本書目的」。那麼你覺得，爲什麼不以降到零爲目標呢？

其實是因爲在大腦科學上所謂的「好老公」，是指偶爾會被老婆的雷打到的老公。

女性腦爲了處理家務及育兒，必須在生活中同時察覺各種狀況並執行多項任務，因此，每天光是活著就足以累積出許多壓力。尤其從周產期開始到育兒期間的女性們，其荷爾蒙平衡發生急遽變化，所承受的生物壓力著實非比尋常。

女性們有時會替這些累積的壓力找個「放電」用的發洩標的，這時若老公剛好做了什麼惱人的事，她們就可以暢快地釋放電力。老公如果很完美，這放電標的就可能是小孩，或者也可能反彈到自己身上轉爲憂鬱，眞的非常危險。

所謂的好老公，無疑是「大致上溫柔體貼又值得信賴，但偶爾會表現不佳而讓老婆抓狂的男人」。

老婆抓狂的原因不見得都在老公身上，所以就算認眞探究箇中癥結，光明磊落地努力改善，也不會有任何進展。女人只是爲了生氣而生氣，而且自己也沒注意到。

……沒錯，女人眞的是相當不講理。

女性腦的這些壓力，是從全年無休地執行6倍於老公的家務，以及「爲家人察覺各種狀況」累積而來。所以協助老婆放電，在某種意義上，也不能說是毫無道理。

若老公能完美地做好家事，親切地聆聽老婆說話，老婆的放電現象就會減少。老公家事做得少、夫妻對話少，老婆就會經常放電。雖說不跟女人一起生活就沒有被放電的困擾，但一切生活大小事你就都必須自己處理，很多時候甚至會失去活著的意義。

男人的人生總共就這三種選擇，你要選哪個呢？

過去曾有人把引發憤怒稱做「打雷」，而因壓力導致的放電現象，眞的和打雷很像，因爲總是都從「最高處」往下打。

老公這種生物，不知爲何，眞是世上最令人火大的一種。很多女性都這麼覺得，而這也是理所當然，畢竟老公在她們腦袋裡處於最高地位，是最期待、也最想要的對象。

換言之，不講理的爆怒也是一種愛的證明。
夫妻關係是很有趣的。在曾發誓要永遠相愛的那天閃耀著光芒的「愛」，其實有著完全不同的「愛」的眞面目。如果結婚都超過35年，那麼「不合理的憤怒」和「苦笑」才是生活裡的抑揚頓挫，是生命力的泉源，是只有兩人才懂的羈絆。

剛結婚時覺得「沒這個人我活不下去」，而現在雖然感受的調性與當時完全不同，但我又再次覺得「沒這個人我活不下去」。因爲能夠對我裸露的情緒毫不驚慌的，只有這個人。因爲他是能讓我盡情放電、能讓我毫無顧忌地哭泣、責罵、撒嬌的獨一無二的對象。

在育兒期間，雖然和絕大多數人一樣都曾覺得「甚至不想和對方待在同一個房間裡呼吸同樣的空氣」，但我眞的覺得還好那時沒有放手。還好那時他沒有放棄我。

這是來自許多結婚超過35年的老婆們口中的眞實感想。夫妻之道就在於，雖然有晴天、陰天，也有風雨交加的日子，但持續就是力量，綻放於最終頂峰的花朵，意外地，可是十分溫柔而圓滿呢。

誠心盼望今後走入婚姻的眾多夫妻們，能夠明智地度過這條苦難與豐饒之路。

最後，在此衷心感謝負責統整本書要點、文筆精湛的撰寫人坂口小姐。眞的非常謝謝各位選擇本書。

黑川伊保子

老婆使用說明書

作　　者 | 黑川伊保子 Ihoko Kurokawa
譯　　者 | 陳亦苓 Bready Chen
發 行 人 | 林隆奮 Frank Lin
社　　長 | 蘇國林 Green Su

出版團隊

總 編 輯 | 葉怡慧 Carol Yeh
日文主編 | 許世璇 Kylie Hsu
企劃編輯 | 許世璇 Kylie Hsu
行銷企劃 | 朱韻淑 Vina Ju
插畫設計 | 孫依潔 Yi Chieh Sun
裝幀設計 | 捌子
內文排版 | 譚思敏 Emma Tan

行銷統籌

業務處長 | 吳宗庭 Tim Wu
業務主任 | 蘇倍生 Benson Su
業務專員 | 鍾依娟 Irina Chung
業務秘書 | 陳曉琪 Angel Chen、莊皓雯 Gia Chuang

發行公司 | 悅知文化　精誠資訊股份有限公司
105台北市松山區復興北路99號12樓
訂購專線 | (02) 2719-8811
訂購傳眞 | (02) 2719-7980
專屬網址 | http://www.delightpress.com.tw
悅知客服 | cs@delightpress.com.tw

國家圖書館出版品預行編目資料

老婆使用說明書／黑川伊保子著；陳亦苓譯. -- 初版. -- 臺北市：精誠資訊, 2020.10
面；　公分
ISBN 978-986-510-107-7(平裝)

494.35　　109001739

建議分類 | 心理勵志

■原書Staff
採訪・撰稿：坂口ちづ
企 劃 編 集：株式会社 童夢

ISBN：978-986-510-107-7
建議售價 | 新台幣330元
初版一刷 | 2020年10月
十刷 | 2024年03月

著作權聲明

本書之封面、內文、編排等著作權或其他智慧財產權均歸精誠資訊股份有限公司所有或授權精誠資訊股份有限公司爲合法之權利使用人，未經書面授權同意，不得以任何形式轉載、複製、引用於任何平面或電子網路。

商標聲明

書中所引用之商標及產品名稱分屬於其原合法註冊公司所有，使用者未取得書面許可，不得以任何形式予以變更、重製、出版、轉載、散佈或傳播，違者依法追究責任。

版權所有　翻印必究

《TSUMA NO TORISETSU》© IHOKO KUROKAWA 2018
All rights reserved.
Original Japanese edition published by KODANSHA LTD.
Traditional Chinese publishing rights arranged with KODANSHA LTD.
through Future View Technology Ltd.
本書由日本講談社正式授權，版權所有，未經日本講談社書面同意，不得以任何方式作全面或局部翻印、仿製或轉載。

本書若有缺頁、破損或裝訂錯誤，請寄回更換
Printed in Taiwan